Mi jefe es un murciélago

Liderazgo día a día

Fernando Zepeda Herrera

Primera edición en español, 2016

Apreciamos todos sus comentarios y sugerencias a:

ciencia.humana@yahoo.com.mx

Idea original de la portada: Rodrigo Zepeda Tello.

ISBN-10: 1532801491

ISBN-13: 978-1532801495

DEDICATORIA

A todos aquellos de quienes aprendí a ser líder.

A todos aquellos que me han permitido compartir mis aprendizajes en su camino para convertirse en líderes.

A todos aquellos con quienes no supe ser líder.

CONTENIDO

PREFACIO

¿Por qué es necesario otro libro sobre liderazgo? Amazon vende actualmente más de 115 mil títulos diferentes sobre liderazgo. ¿No es suficiente? Parece que no. La mayoría de los textos sobre liderazgo han sido escritos para convencerte de la necesidad de que desarrolles habilidades extraordinarias para actuar bajo circunstancias extraordinarias y lograr resultados extraordinarios. Todos ellos son correctos, pero no están escritos para la inmensa mayoría, no son aplicables ante los aparentemente pequeños pero recurrentes problemas de la vida cotidiana; y, después de todo, el liderazgo comienza y termina cuando los problemas simples y cotidianos surgen. Con la ayuda de tales libros es posible escalar a las más altas montañas, pero si los fundamentos del liderazgo no se consolidan día a día, los líderes frecuentemente encuentran que los cambios extraordinarios que desean lograr se enfrentan a más resistencia y reticencia en sus seguidores.

Por el contrario, los líderes que basan sus acciones en suelo firme y con raíces profundas hacen florecer a sus organizaciones, con ellos y sus equipos de trabajo trabajando de maneras más rápidas, fluidas y efectivas. Todos podemos ser seducidos por los líderes carismáticos de las películas de Hollywood o de biografías inspiradoras porque lo que vemos son personas excepcionales enfrentando retos únicos, pero, hablando en general, queda una parte ausente o sin explicar, precisamente porque los escritores y guionistas saben que no venden: que esos líderes no pudieron haber logrado esas alturas si sus seguidores no hubieran confiado en ellos de forma cotidiana.

Hay algo más que las películas y los libros tienen: describen las acciones de los directivos de empresas, primeros ministros, presidentes, emprendedores y otras mujeres y hombres que tienen el poder de cambiar países, comunidades o empresas enteras, mientras que el 99.9% de los líderes se encuentran, de hecho, inmersos en las estructuras de la gerencia media de esas empresas, organizaciones y gobiernos y su poder es comparativamente pequeño. Estas personas también requieren ser líderes, pero sus posibilidades y circunstancias son muy diferentes.

Este libro resume el comportamiento de cientos de líderes de quienes he aprendido a manejar personas. Como profesional de Recursos Humanos, he contratado, evaluado, entrenado, recompensado, disciplinado y despedido cientos de líderes efectivos e inefectivos. He sido testigo de sus prácticas y de los efectos que producen en la motivación, compromiso y resultados de sus seguidores. El libro también se basa en lo que he aprendido de la lectura de una gran cantidad de libros sobre liderazgo y de mi participación en numerosos talleres y conferencias sobre liderazgo. Finalmente, he probado la efectividad de las recomendaciones en mis propios talleres, desarrollados con el propósito de entrenar líderes efectivos y reconociendo los logros de quienes han decidido poner en práctica estas ideas.

En estas páginas, te pido que mantengas en mente, estrictamente hablando, que solamente eres un líder si tus seguidores te incluyen dentro de esa categoría. Tus seguidores son los únicos que deciden si realmente eres un líder o solamente el jefe. El liderazgo no es una auto-designación, es un privilegio concedido por las demás personas.

La estructura del libro está integrada por tres partes: Fundamentos, Liderando en Momentos Cruciales y Liderando bajo Circunstancias Especiales. En los fundamentos presentamos algunos conceptos y principios básicos que debes seguir si deseas ser un líder efectivo: primero, debes ser consciente de tu propia auto-estima y cómo sus fluctuaciones afectan la manera en que interactúas con tus subordinados (capítulo uno); puede ser que requieras dominar diferentes estrategias para comprender qué es lo que te hace sentir amenazado y que, por lo tanto, disminuye tu auto-estima; segundo, debes luchar por mantener la auto-estima de tus empleados en un nivel óptimo, para obtener de ellos los mejores resultados y para facilitar su compromiso con la organización y con su equipo de trabajo (capítulo dos). Con eso en mente, tu actuar como líder debe estar regido por tres principios básicos (capítulo tres) y estar basado en habilidades de escucha activa (capítulo cuatro). Estos principios y las habilidades de escucha activa son fundamentales para la práctica adecuada de cada una de las sugerencias de este libro, y por ello debes tenerlas en mente a lo largo del mismo.

En la segunda parte, discutimos los momentos cruciales en la vida laboral del líder. Las primeras sugerencias clave se refieren a la contratación de la gente correcta para así tener al equipo de trabajo adecuado trabajando contigo (capítulo cinco); ya reclutados, debes asegurarte que los miembros de tu equipo trabajen con objetivos y metas bien definidos (capítulo seis); después de un tiempo, estos objetivos son el insumo de las evaluaciones de desempeño (capítulo siete) en los que evaluarás qué tan bien tus subordinados están cumpliendo con sus deberes; como resultado, tus empleados podrán mostrar niveles de desempeño buenos o insuficientes y entonces deberás actuar de acuerdo con tales resultados, por ejemplo, recompensando a tus buenos empleados (capítulo ocho) y delegarle algún grado de autoridad a aquellos cuyo desempeño sea sobresaliente y que tu organización tiene un plan de carrera para ellos (capítulo nueve). Por otra parte, algunos subordinados pueden requerir mejorar su desempeño (capítulo diez); recibir más entrenamiento si lo necesitan (capítulo once); desarrollar una motivación mayor (capítulo doce); ser sujetos de acciones disciplinarias (capítulo trece) o ser retirados de la organización (capítulo catorce).

Finalmente, en la tercera parte del libro, discutimos algunas situaciones especiales para las que debes estar preparado, tales como: el manejo de quejas (capítulo quince); solucionar conflictos interpersonales (capítulo dieciséis), que puede involucrar hostigamiento o acoso laboral y sexual (capítulo diecisiete); y manejar adecuadamente el cambio (capítulo dieciocho).

Te recomendamos leer este libro de acuerdo a la secuencia de los capítulos. Pero si lo prefieres, puedes leer los primeros cuatro capítulos y después los capítulos adicionales que sean de tu especial interés.

Una última aclaración: damos a los términos líder y gerente un significado diferente; cuando deseamos enfatizar conductas apropiadas, las asociamos con la palabra líder, mientras que gerente se asocia con acciones comunes o menos deseables. En consecuencia, los términos seguidor y empleado se vinculan al líder, mientras que las palabras subordinadas y trabajadoras se asocian con gerente.

PARTE 1: FUNDAMENTOS

1. LA AUTO-ESTIMA: EL FUNDAMENTO

Aunque no lo parece, los murciélagos tienen un papel muy importante para la existencia de muchas especies, pues juegan un papel fundamental en la polinización.

Panorama

Algunos gerentes consideran a la autoestima como un tema muy interesante, pero no en el trabajo. En sus mentes, este concepto es bueno para criar niños sanos o para conversaciones banales en un día de campo, ¿pero en el trabajo? No se dan cuenta de que sus decisiones como gerentes dependen tanto de su conocimiento y experiencia como de su autoestima.

Cuando sus subalternos cometen errores, se rehúsan a seguir sus indicaciones o muestran comportamientos indeseables, algunos gerentes se enfurecen, otros se deprimen y otros más eligen ignorarlos. Lo que no alcanzan a ver es que esas reacciones son síntomas de su propio nivel de autoestima.

Cuando el gerente comprende que su forma de percibir y de reaccionar ante los problemas depende de su autoestima, el gerente siente la necesidad de mejorar su auto-conocimiento y su auto-conciencia.

El estilo de liderazgo puede modificarse muy poco sin trabajar con la autoestima del gerente. Aquí es, precisamente, donde fracasan muchos de los talleres de liderazgo. Se enfocan muy bien en los comportamientos de los líderes, como veremos en el siguiente capítulo, pero desprecian el interruptor interno que se llama conciencia refleja, esto es, tomas conciencia de los sentimientos y las causas que acompañen a sus decisiones.

Los gerentes efectivos saben que los sentimientos inconscientes y no controlados son la principal causa que daña las relaciones entre líderes y miembros de los equipos. No son los errores los que lastiman esas relaciones, sino que los sentimientos resultantes son la causa real de esos conflictos, y esos sentimientos son el reflejo de la autoestima. Los gerentes con baja autoestima estarán más propensos a culpar o atacar a sus empleados como consecuencia de sus errores; los gerentes con alta autoestima pueden llegar a sentir lo mismo, pero reaccionarán de una manera diferente.

Una elevada autoestima requiere de 3 habilidades:

1) *Auto-conocimiento* es el primer paso para manejar la autoestima. De hecho, la legendaria inscripción labrada en la entrada del Oráculo de Delfos recomendaba: "conócete a ti mismo". Los líderes que son capaces de entender las razones del porqué sienten lo que sienten y porqué se comportan en la forma en que lo hacen son los que guían efectivamente a sus equipos. El auto-conocimiento no es una tarea autobiográfica que exige a los líderes recordar cada momento importante de su vida, más bien es la capacidad de comprender aquello que dispara su enojo, frustración, felicidad, tristeza o cualquier otro sentimiento que se sientan inclinados a sentir.

2) *Autoconciencia*, en adición al auto-conocimiento, permite a los gerentes comprender lo que sucede dentro de sus mentes en cada momento específico. No es suficiente saber teóricamente qué es lo que dispara sus pensamientos y emociones, los líderes deben desarrollar la habilidad de identificar esas ideas y emociones mientras está trabajando, cuando enfrenta problemas y obstáculos y manejarlos ante

diferentes personalidades y actitudes de sus pares y de sus subordinados.

3) *Auto-aceptación* es la tercera acción que deben ejecutar los líderes. Hay dos formas de reaccionar ante los sentimientos y pensamientos: rechazo o aceptación. La desaprobación surge cuando los gerentes rechazan y critican lo que piensan y sienten y la aceptación cuando comprenden esas ideas y emociones y eligen una forma de expresarlas asertivamente que ni ataca a otros ni los lleva a la autocensura. La aceptación implica amor, más que actuar indulgente o impulsivamente. La auto-aceptación viene como una consecuencia natural de la conciencia y la aceptación y la canalización asertiva.

Sugerencias de acciones clave

Hay dos acciones clave que cualquier líder debe ejecutar para controlar su autoestima. El Dr. William Glasser enlista siete comportamientos deseables que son manifestaciones de una baja autoestima y sus siete contrapartes, que son signo de una alta autoestima. Aunque Glasser las identifica en las relaciones entre parejas, también pueden ser aplicadas a las relaciones líder-seguidor:

• Los gerentes no deben *criticar, culpar, quejarse, regañar, amenazar, castigar y recompensar para controlar (sobornar).* ¿Lo siguiente te suena familiar?

"Ricardo, otro error y te vas a arrepentir."

"Ana, si te quedas un par de horas más, te recomiendo con Alan."

"¡Eres un estúpido! ¡No tienes remedio! Nunca haces nada bien."

• Los líderes efectivos reaccionan en la modalidad de alta

autoestima cuando su comportamiento es de apoyo, aliento, escucha, aceptación, confianza, respeto y negociación de las diferencias. Algunos ejemplos son:

"Ricardo, temo que cometas otro error si no te enfocas en lo que estás haciendo. ¿Cómo te puedo ayudar a estar más atento y prevenir otro error?"

"Ana, entiendo que quieres irte a casa temprano, pero si no terminamos esto hoy, la empresa va a perder a este cliente; por favor, ayúdame a terminar."

"Ahora estoy muy molesta, pero no quiero pelear, sólo quiero que resolvamos esto; ¿qué podemos hacer?"

Por qué hacerlo

Los gerentes que no están conscientes de que su nivel de autoestima es bajo, pueden reaccionar de formas no deseables que minan tanto su imagen como su autoridad. Sus empleados los llegan a percibir como inmaduros, rígidos, ridículos, intolerantes, tontos o una combinación de las anteriores. Puede ser que los empleados nunca confronten a sus gerentes y les expresen estos pensamientos porque pueden tener temor a las represalias o perder su trabajo; sin embargo, hay algo incuestionable: los gerentes pueden intimidar a sus subordinados, pero nunca serán capaces de eliminar lo que ellos sienten y piensan de sus gerentes.

Los líderes con autoestima elevada aceptan que sus sentimientos e ideas pueden detonarse como resultado de la irresponsabilidad, incapacidad o desafío de sus seguidores, pero dominan el arte del auto-control. Como consecuencia, frecuentemente son vistos como personas maduras, empáticas, flexibles, humanas y comprensivas. Sus seguidores están comprometidos con ellos, su trabajo y la empresa, y experimentan una mayor satisfacción en el trabajo. Están más dispuestos a trabajar en equipo y se mantienen motivados por un mayor tiempo.

Algunos gerentes que son conscientes de su falta de control tratan de eliminar sus impulsos negándolos o ignorándolos, pero al final terminan dándose cuenta de que esto no funciona. Esto se debe a que los comportamientos están basados en sus temores personales, tales como no ser lo suficientemente competentes para guiar a un grupo de personas, carecer del suficiente poder personal para impulsar a otros a seguir sus directrices o a ser ridiculizados por sus subalternos. A menos de que trabajen en eliminar estos temores, estos gerentes continuarán luchando contra su propia impulsividad.

Dependiendo de las circunstancias, el coaching, la asesoría psicológica o la terapia pueden beneficiar a quienes experimentan este tipo de problemas. Si este es tu caso, te invito a considerar si requieres ayuda profesional para mejorar tu situación particular. No hay nada malo en buscar ayuda; el verdadero error está en saber que se necesita ayuda y no buscarla.

En la práctica

Cuestiónate a ti mismo las siguientes preguntas y respóndelas sinceramente:

- ¿Qué tipo de errores te parecen intolerables?
- ¿Qué tipo de personas te sacan de tus casillas?
- ¿Realmente has intentado mejorar tu auto-control?

2: LA AUTOESTIMA DE LOS EMPLEADOS

*Los murciélagos nacen sin
capacidad de vuelo, pero una
vez que fortalecen sus alas
deben buscar sus alimentos
por sí mismos.*

Panorama

Veamos ahora el otro lado de la moneda: la autoestima de los empleados.

Para mantener cotidianamente un buen nivel de autoestima de los empleados puede parecerse a un ornitorrinco, increíble pero improbable. Puede ser que pienses mucho acerca de la importancia de respetar la dignidad de las personas, pero cuando "este individuo comete el mismo error por décima ocasión y te saca de tus casillas…"

Entonces, ¿por qué muchos líderes de empresa e investigadores sobre temas de gestión insisten en la importancia de la autoestima? Es porque han encontrado que los empleados con alta autoestima se convierten en los más productivos, y los resultados de una empresa dependen en gran medida de una fuerza laboral que se considera a sí misma capaz de lograr cosas que ninguna otra puede hacer.

Cuando los trabajadores de una empresa se consideran a sí mismos como gente de poca valía y pierden la confianza en sí mismos, se comienzan a sentir inseguros y temerosos, haciéndolos más propensos a cometer errores y omisiones.

Por el contrario, cuando los empleados se sienten confiados en sus propios recursos y en su habilidad de encarar cualquier reto laboral, se vuelven más dispuestos y capaces de involucrarse en actividades complejas, resolver problemas y participar en proyectos más difíciles.

La frase "tiene la razón tanto quien piensa que se puede como quien piensa que no se puede. ¿Cuál eres tú?", atribuida a Henry Ford, enfatiza el hecho de que la gente que se tiene más confianza intentará una y otra vez superar las dificultades porque posee la creencia de que "es posible". En contraste, aquellos que piensan que algo no es posible abandonarán sus esfuerzos más pronto, víctimas de la desmotivación, soportada en su falta de autoconfianza.

Esta convicción interna de ser capaz de hacer algo o de, por el contrario, que no se es capaz de hacerlo, tiene sus raíces en la autoconfianza del empleado que, a su vez, proviene de su auto-estima.

La autoestima es el sentimiento positivo que experimenta una persona hacia sí misma. En la misma proporción en que un empleado siente más afecto por sí mismo, su autoconfianza crece, manifestando su capacidad de tener un mejor desempeño.

En su interacción diaria con sus empleados, los líderes juegan un papel muy importante en la forma como ellos se ven a sí mismos y en su nivel de confianza en su propia competencia. El intercambio constante entre el líder y sus seguidores puede contribuir a mejorar la autoestima de su seguidor.

Sin lugar a dudas, la autoestima depende de la manera como cada persona se concibe a sí misma y de los sentimientos que acompañan esta percepción, por lo que un líder que frecuentemente demerita o contradice las acciones o decisiones de un empleado puede influir grandemente en la confianza que él o ella tenga sobre sus propias habilidades.

Por otra parte, cuando el líder reconoce justificadamente y expresa confianza y aprecio por los empleados, puede contribuir al mejoramiento de su autoestima.

Sugerencias clave

Para mantener la autoestima de tus empleados en un nivel deseable, debes cultivar estas cuatro actitudes básicas hacia ellos:

1) Confianza

2) Respeto

3) Gratitud

4) Justicia

Revisemos cada una de ella con mayor detalle, comparando un ejemplo positivo y uno negativo para cada actitud.

1) *Confianza*

Gerente no efectivo: "Luis, necesito a alguien que me pueda ayudar con este Proyecto, pero no puedo encontrar a nadie lo suficientemente capaz de hacerlo. Te lo voy a dejar, pero debes estar consciente de que si me fallas, te puede costar el empleo. Quiero que me muestres de qué madera estás hecho y si tienes o no las agallas para hacerlo… si no, más vale que me lo digas de una vez, para comenzar a buscar a tu reemplazo".

Líder efectivo: "Luis, quiero que me ayudes con este nuevo proyecto. Como sabes, es importante para que la empresa mejore su competitividad. Estoy consciente de que el reto es enorme, pero también tengo confianza en tu capacidad y en tus habilidades, por lo que estoy seguro de que será un éxito si lo dejo en tus manos. Por si lo necesitas, sabes que estoy aquí para ayudarte si lo consideras necesario. Estoy seguro de que puedo contar contigo, de que lograrás esta tarea y que será un éxito más en tu carrera profesional".

2) *Respeto*

Gerente no efectivo: "Nancy, ¡realmente eres una tonta! Siempre acabas siendo desagradable y complicada. Hay algo mal en tu cabeza. La gente normal no hace lo que tú haces. Deberías ir a ver a un loquero, quizá pueda hacer algo con tu personalidad…"

Líder efectivo: "Hola Nancy, ¿te gustaría que comamos juntos hoy? Hace años que no nos reunimos sólo a platicar. Siempre disfruto platicar contigo acerca de nuestras familias y de nuestros proyectos personales. Si no puedes hoy, podemos dejarlo para otro día. Por favor, luego me dices cuándo podríamos hacerlo".

3) *Gratitud*

Gerente no efectivo: "Susana, vi el reporte que me dejaste en el escritorio. En un rato te voy a mandar otros archivos sobre el mismo cliente, sólo trata de hacer rápido este trabajo".

Líder efectivo: "Susana, gracias por el reporte que me dejaste en el escritorio. Con tu ayuda el trabajo resulta más fácil, especialmente ahora que estamos bajo mucha presión. Te agradeceré mucho si me sigues ayudando y revisas más archivos del mismo cliente y los agregas a tu reporte. Solo te pido que tengas presente que los necesitamos tan rápido como sea posible".

4) *Justicia*

Gerente no efectivo: "Diana, tú sabes que eres mi consentida, tú sabes que no necesitas ir a la junta del próximo sábado, pero no le digas a nadie. El lunes, si alguien pregunta, sólo dile que tenías dolor de cabeza y que te quedaste en tu casa. Eso es lo que voy a decir el sábado y que me avisaste temprano ese día. Solo recuerda que me debes una".

Líder efectivo: "Diana, sé que te va a resultar complicado asistir el sábado a la junta, por favor diles esto al resto del equipo y traten de encontrar una alternativa juntos. De esta forma las reglas van a estar claras para todos y nadie va a sentir que tengo preferencias por alguien en particular, ¿qué opinas?

Por qué hacerlo

La autoestima de las personas depende de un mecanismo sencillo y sutil. Nuestro auto-concepto o auto-imagen, como ha sido llamado por los psicólogos, se alimenta en un buen grado de la manera como otros nos tratan; con sus acciones y comentarios nos mandan mensajes acerca de nuestra importancia, competencia y agrado. Aparte de esos mensajes, a partir de nuestras propias ideas y sentimientos, creamos una identidad basada en la imagen o percepción que tenemos sobre nosotros mismos, y si el resultado nos parece agradable a nosotros mismos, tenderemos a pensar que somos dignos de ser amados y, por consiguiente, a estimarnos.

Dejemos en claro que nuestra auto-imagen no depende de las opiniones de otros, sino de la forma como nos juzgamos a nosotros mismos utilizando esas opiniones como insumos que nos proporcionan información relevante sobre nuestra capacidad general de ser agradables.

En el trabajo, donde pasamos la mayor parte de nuestra vida, las percepciones de nuestros compañeros, supervisores y subalternos tienen un impacto definitivo en nuestra autoestima; las ideas que pensamos que tienen nuestros líderes acerca de nosotros son, especialmente, puntos de referencia muy poderosos para nuestra autoestima.

1)   *Confianza*. Cuando los líderes expresan confianza en las habilidades de sus seguidores para encarar los retos en el trabajo,

les envían señales acerca de la habilidad que tiene esos empleados para desempeñar las tareas correspondientes a su puesto. El efecto Pigmalión, como han llamado los psicólogos a este fenómeno, sugiere que cuando un líder muestra altas expectativas y confianza hacia los miembros de su equipo, ellos tienden a comportarse de tal manera que cumplen con esas expectativas y se tornan más confiables y efectivos.

2) *Respeto*. El respeto que recibimos de otras personas es fundamental en el desarrollo de una auto-imagen agradable. Sentimos que somos personas agradables cuando otros nos encuentran simpáticos, dignos de ser conocidos, amigables, que merecemos ser tratados con dignidad, etc. Las muestras sinceras de respeto de los supervisores facilitan la aparición de sentimientos positivos y de valoración en sus empleados, incluyendo los sentimientos hacia sí mismos, dándoles una clara señal de que pueden ser ellos mismos, incluyendo sus cualidades y sus defectos. Esto ayuda a sus seguidores a mostrarse tal cual son ante sus líderes. Como consecuencia, los líderes pueden tener una imagen más precisa de los talentos y habilidades de sus seguidores. Sin esto, los subordinados buscarán esconder sus defectos y errores para no exponerse al ridículo y la crítica.

3) *Gratitud*. A todos nos gusta sentirnos útiles. La gratitud envía un mensaje inequívoco acerca de la utilidad y talento de aquellos a quienes la expresamos. Cuando un líder le expresa su gratitud a un miembro del equipo, el líder refuerza su convicción de que el seguidor realmente contribuye de manera relevante al logro de las metas de la empresa o el departamento. Adicionalmente, ser agradecido deja un sentimiento placentero y un sentido de camaradería en general, mismos que fortalecen la relación entre el líder y sus seguidores.

4) *Justicia*. Las diferencias en el trato a los subordinados genera conflictos entre ellos y entre ellos y el gerente, alimentando la percepción de que algunos empleados en lo

particular se encuentran en una situación de desventaja en relación con sus compañeros o algún favorito. Cuando un subordinado recibe injustificadamente privilegios, los demás miembros del equipo suelen atribuir esos privilegios a factores no relacionados con el trabajo, tales como la amistad personal, un romance, un chantaje u otras explicaciones similares, erosionando la imagen del líder y el respeto a sus directrices.

En la práctica

Para comenzar, reflexiona en los siguientes temas y contéstalos tan sinceramente como te sea posible:

• Del 1 al 10, donde 10 es la puntuación más alta, cómo calificarías a tus empleados en las siguientes cuatro áreas:

a)   Tu confianza en sus habilidades.

b)   Tu aprecio hacia cada uno de ellos.

c)   Tu gratitud hacia cada uno.

d)   Y, ¡ay!, tu favoritismo hacia alguno de ellos.

3: PRINCIPIOS BÁSICOS

*Algunos murciélagos pueden
volar a los pocos días de
nacidos, pero otros tardan
hasta meses en desarrollar
sus alas. Mientras esto
sucede, son alimentados por
sus madres.*

Panorama

Si has sido recientemente promovido como líder de un equipo, encontrarás que tienes dos responsabilidades fundamentales:

• Alcanzar tus metas y objetivos y

• Desarrollar profesionalmente a tus seguidores.

Para cumplir con estas responsabilidades, posiblemente debas adquirir nuevas habilidades de liderazgo, mismas que son distintas a las que se necesitan en un seguidor.

Comúnmente, los gerentes son promovidos con base en sus habilidades técnicas y en su buen desempeño, pero sus nuevas responsabilidades requieren habilidades interpersonales tales como inteligencia emocional, negociación, escucha, comunicación con diferentes tipos de personas y empatía, que no necesariamente poseen.

Supervisar a otros es frecuentemente una experiencia inédita para muchos nuevos gerentes debido a las demandas específicas asociadas con la nueva posición; estas pueden incluir, entre otras, resolver conflictos interpersonales entre los empleados, negociar con representantes sindicales, mantener la motivación del equipo, respetar y aprovechar las diferencias individuales y conducir evaluaciones de desempeño. Algunas de estas actividades pueden representar nuevas tareas que nunca han sido enseñadas al nuevo gerente.

Estas habilidades interpersonales necesarias terminan influyendo la calidad del desempeño y del compromiso de los seguidores y los resultados del departamento. Como suele decir un buen amigo mío: "Si funciona la relación, funciona el proyecto". En otras palabras, el éxito o fracaso del nuevo gerente depende de su habilidad para desarrollar y aprovechar ciertas habilidades al ejecutar sus nuevas labores.

Detengámonos por un momento. Todos hemos conocido o sufrido algún gerente que es capaz de entregar muy buenos resultados usando un látigo psicológico para mantener a sus subordinados trabajando bajo miedo o sintiéndose desmotivados. Algunas metas pueden lograrse a través de este estilo, pero no todas. La rotación se eleva en la misma proporción que los costos de las contrataciones. Lo mismo sucede con los costos generados por errores más frecuentes, desperdicios y la necesidad de rehacer las tareas o los productos.

Esta conducta también fracasa en cumplir con la segunda responsabilidad, ya que el estilo gerencial con que se suele asociar no desarrolla el talento de los subordinados, haciendo más difícil la implantación de planes de sucesión con todas sus implicaciones en costos y en motivación.

Sugerencias clave

Transformar a las personas es muy diferente a cambiar comportamientos. Los líderes efectivos comprenden que las diferencias individuales son realmente un regalo, por lo que en vez de pensar en cambiar la personalidad de sus subordinados, los líderes deben enfocarse en las conductas que no fomentan la productividad o el trabajo en equipo. Este enfoque ayuda a la organización tanto en el corto como en el largo plazos, apoyados por un equipo de personas bien motivadas y con alto desempeño.

Para conseguir lo anterior, los principios básicos que deben guiar el comportamiento cotidiano de un líder hacia sus empleados son:

1) ***Enfocarse en los hechos y no en las personas***. Esto significa que cuando sea necesario corregir un comportamiento debes describir los hechos que has atestiguado, haciendo referencia a situaciones específicas en vez de hablar de generalidades o de hacer inferencias. Esto puede requerir que hagas una descripción detallada de las circunstancias que ejemplifican tus argumentos.

Gerente no efectivo: "Pedro, ¿qué te pasa? Eres un irresponsable al que no se le puede tener confianza. No sé qué debo hacer contigo si no eres capaz de usar estas máquinas; me lo debiste haber dicho cuando te contraté"

Líder efectivo: "Pedro, ayer se te olvidó desconectar esa máquina. Esta es la tercera vez en estas últimas dos semanas. Dime si hay algo que podamos hacer para que te acuerdes de hacerlo."

2) ***Mantén altas la autoconfianza y la autoestima de los empleados***. Tal como comentamos en el capítulo anterior, esto mantendrá vivos su compromiso y productividad.

Gerente no efectivo: "No te tengo confianza. Nunca has sido responsable. Te he dado muchas oportunidades para que demuestres que eres alguien valioso para esta empresa, pero siempre me decepcionas. No sé qué voy a hacer contigo".

Líder efectivo: "Mira, cuando me enviaste el reporte mensual otra vez con los mismos errores, me sentí decepcionado. ¿Sabes qué es lo que te está impidiendo hacerlo sin errores? Ya me has demostrado que eres capaz de hacerlo bien y confío en que lo puedes hacer. Solo dime ¿cómo te ayudo?"

3) ***Mantén relaciones de mutuo respeto y confianza con tus empleados***. Si desear tener una influencia positiva sobre otras personas, debes hacerlo basado en respeto y confianza mutuas. Cualquier empleado rechazará las recomendaciones que provengan de otra persona que es irrespetuosa o no digna de confianza, aún si se trata de su jefe.

Gerente no efectivo: "Pedro, ¡eres un imbécil! ¿Qué, no tienes cerebro? Un chango podría hacer un mejor trabajo. ¡Quítate de mi vista! No quiero ni verte".

Líder efectivo: "Pedro, ¿qué pasó ahora? La semana pasada todo iba bien e hiciste un buen trabajo, pero ayer no abriste los micrófonos a tiempo durante el programa de noticias. ¿Hay algo que te esté distrayendo?"

Por qué hacerlo

Estos principios básicos pueden guiar a los líderes en sus interacciones con empleados problemáticos, pero también con empleados ejemplares. Si el gerente tiene dificultades en mantener una relación positiva con sus subordinados problemáticos, éstos encontrarán en ello una buena excusa para desempeñarse inadecuadamente en el trabajo. La consecuencia es que los empleados subalternos preferirán señalar a las conductas ineficientes del gerente como la causa de sus propias acciones inadecuadas. Recuerda que siempre es más fácil culpar a alguien más por nuestros errores que asumir la responsabilidad total de ellos.

Los líderes que aplican estos principios no dan a sus empleados la oportunidad de eludir sus responsabilidades en el trabajo. Recuerda qué es lo que sucede cuando tienes conflicto con una persona que amas. Puede ser que te enojes mucho, pero al final cada quien acepta su parte en el conflicto y se compromete a hacer su mejor esfuerzo para corregir las cosas en el futuro. Esto es lo que puede esperar un líder si aplica estos tres principios: ellos mismos y los demás contribuirán en evitar nuevos errores y en poner lo de su parte lo que sea necesario para mejorar sus relaciones y los resultados que dependan de ellas.

En la práctica

Te invitamos a recordar tres situaciones de conflicto que hayas tenido con tus empleados y para cada una:

• Recuerda qué detonó esos conflictos.

• ¿Cómo manejaste el conflicto con tu empleado?

• ¿Fuiste capaz de enfocarte en los hechos y no en la persona?

• ¿Pudiste mantener la autoconfianza y autoestima de tu empleado a lo largo de la interacción?

• ¿Hiciste todo lo necesario para mantener la confianza y el respeto mutuos?

4: ESCUCHAR PARA COMPRENDER

*La ecolocalización es la
forma de escuchar de los
murciélagos y es capaz de
guiarlos aún en la mayor
oscuridad.*

Panorama

Hoy día hay muchas alternativas para aprender habilidades de presentación y sobre cómo influir en una audiencia. Toda esta atención puesta en desarrollar la habilidad de influir en otras personas es comprensible, pero lo que no se puede entender, es la falta de alternativas de entrenamiento sobre "cómo escuchar efectivamente".

Algunos psicólogos estiman que, en un día normal, una persona promedio pasa el 42% de su tiempo escuchando, 32% hablando, 15% leyendo y 11% escribiendo. Pero también sugieren que perdemos el 85% de lo que oímos.

También se ha comprobado que la mayoría de las conversaciones son guiadas por la persona que escucha, no por la que habla, especialmente si se practica la llamada escucha activa. Es altamente probable que hayas experimentado el efecto que tiene quien escucha sobre quien habla y la manera en que guía a ese último. Trata de recordar una discusión con alguna persona de tu familia en la que una de las partes se rehúsa a escuchar a la otra o aparenta evitar la conversación. ¿Recuerdas la reacción de la persona que hablaba? ¿Cómo la discusión se terminaba orientando hacia las actitudes personales y cómo cambiaba de intensidad?

Una persona que es buen escucha siempre estará al tanto de las reacciones que provoca en la persona que le habla. Un líder efectivo es tan buen escucha como es buen comunicador, que domina el arte de hacer las preguntas correctas para obtener información, pero también para ayudar a su interlocutor a tomar conciencia a través de fomentar en él o ella más introspección y reflexión.

Escuchar implica señales verbales y no verbales para guiar a quien habla. Por lo que es importante aprender qué hacer y qué decir cuando se está escuchando.

Sugerencias clave

Escuchar incluye tres elementos. El primero es tu capacidad de escuchar lo que te dice tu interlocutor; el segundo es tu habilidad para entenderlo; y el tercero es recordar lo que se te dijo.

Hay tres acciones que puedes seguir para ayudarte a mejorar tu habilidad de escuchar:

1) *Invita al diálogo a través del contacto visual y de tus expresiones faciales.* Para algunos subordinados resulta extremadamente difícil comunicarse con sus gerentes. Sin embargo, es responsabilidad de los gerentes a hablar siempre que sea necesario. Una manera excelente de propiciar el diálogo es orientando totalmente tu cuerpo hacia el hablante, evitando cruzar tus manos y tus brazos y manteniendo contacto visual directo. Los gerentes también pueden preguntar y comenzar un diálogo. Por esto es que hablamos de escucha activa. Desde el principio debes ser consciente del mensaje que recibes así como del impacto que causa en ti.

Gerente no efectivo: (sin mirar a su interlocutor) "Oye Maggie, ahorita no tengo tiempo, rápido, ¿qué es lo que quieres?"

Líder efectivo: (Dejando de lado lo que está haciendo y estableciendo contacto visual) "Oye Maggie, En realidad ahorita estoy muy ocupado, pero si eres muy específica me podré concentrar en lo que tienes qué decirme. ¿Qué está pasando?"

2) ***Escucha atentamente enfocándote en la persona y en lo que está diciendo***. Cuando escuches a alguien pon atención en lo que te dice. No busques motivos o agendas ocultas, pero si sospechas que puede haber otras intenciones más allá de sus palabras, siempre tendrás la oportunidad de investigar posteriormente. Primero escucha y comprende lo que las palabras significan.

Gerente no efectivo: "¡Alto Maggie! Ya sé para dónde vas con esto. Estás tratando de culpar a Andrés de tus errores y eso no te lo voy a permitir…"

Líder efectivo: "Maggie, dices que Andrés está haciendo esto porque quiere echarte la culpa, ¿estoy en lo cierto?"

3) ***Pregunta todo lo que necesites saber***. Después de que tu empleado haya terminado de explicarse, es el momento de convertirte en un detective e investigar todas las circunstancias en torno o detrás de sus palabras. En este paso sólo necesitas hacer preguntas, tantas como sea necesario para obtener una imagen clara de la situación y confirmar si has comprendido o no lo que está sucediendo.

Gerente no efectivo: "Ya, ya. Andrés nunca haría nada en tu contra. Esta no te la compro, ni ahora ni nunca".

Líder efectivo: "Lo que tú dices es que Andrés le dijo al cliente que tú olvidaste enviarle la información a tiempo y que por eso ella comenzó a discutir contigo. ¿Te entendí bien? ... ¿Cómo puedes estar segura? ... ¿Qué te dijo Andrés exactamente?

Por qué hacerlo

Mantener contacto visual es una de las formas más poderosas de mostrar respeto por tu interlocutor y de dejar clara tu disposición a escuchar y comprender. También puedes asentir con la cabeza cuando las cosas te queden claras. Recuerda que escuchar y comprender a alguien no quiere decir que necesariamente estés de acuerdo con esa persona. Significa que estás captando todo lo que te está diciendo. . Cruzarte de brazos o piernas frecuentemente es interpretado como señal de que estás a la defensiva; es por ello que te sugerimos que te mantengas consciente de tu postura y mantengas tu cuerpo tan abierto como puedas hacerlo naturalmente. Durante el primer paso también puedes enviar señales verbales de tu entendimiento como "comprendo", "por favor, continúa" o "te capto", o usando preguntas para aclarar la situación, tales como "¿cuándo sucedió?" o "¿cómo te diste cuenta de eso?"

Si crees que sabes qué es lo que te va a decir la otra persona, probablemente dejes de escuchar activamente porque tu mente estará divagando y estará ocupada preparando los contra-argumentos antes de que tu interlocutor termine de hablar. Recuerda que un tomador de decisiones efectivo reúne primero toda la información relevante y después decide qué dirección debe tomarse; no te saltes este paso a menos de que te encuentres en medio de una crisis pues, de lo contrario, corres el riesgo de tomar malas decisiones.

Los psicólogos sugieren que la velocidad promedio de un hablante es de 150 palabras por minuto aproximadamente, mientras que quien escucha puede captar entre 450 y 500 palabras en el mismo período de tiempo. Esto puede causar que la mente del escucha deambule, perdiendo contacto con lo que se le está diciendo y llenado los vacíos con los propios pensamientos de quien escucha. Para evitar esto, quienes escuchan pueden sintetizar o hacer preguntas enfocándose en el mensaje que están recibiendo. Hacer esto también es una buena técnica para promover el diálogo y para dar un mensaje claro de que estás interesado en lo que estás escuchando.

Otro beneficio de sintetizar y confirmar el mensaje del hablante es que elimines cualquier posibilidad de malentendidos. Algunas preguntas que pueden ayudar son "¿me podrías repetir esto último por favor?", "aguanta tantito, me estoy confundiendo, ¿me lo puedes explicar con más detalle?" o "¿es esto lo que estás tratando de decirme?"

Finalmente, una buena forma de confirmar que estás comprendiendo completamente el mensaje es parafraseando, esto es, repitiendo lo que la otra persona te dijo, pero en tus propias palabras: "a ver, lo que me dices es que … ¿estoy en lo correcto?"

Recuerda: oír es una habilidad natural, pero escuchar es una habilidad que requiere ser practicada. Algunos psicólogos sugieren que las habilidades complejas deben ser practicadas al menos durante 21 días consecutivos para ser desarrolladas. Si no lo practicas ésta o cualquier otra habilidad de las que te proponemos en este libro, probablemente estés perdiendo tu tiempo. Posiblemente sea mejor que dejes de leer el libro, lo pongas a un lado y utilices tu tiempo de una forma más productiva.

Vinculación con los principios básicos

Autoestima del líder: Los gerentes con baja autoestima desarrollan poco sus habilidades de escucha porque sus sentimientos nublan su pensamiento, impulsándolos a hacer juicios sin fundamento. Los líderes con autoestima elevada tienen una mayor capacidad de evitar las evaluaciones infundadas sobre las perspectivas de sus seguidores, volviendo su escucha más clara.

Autoestima del seguidor: Al escuchar debes confiar en la sinceridad y honestidad de tu seguidor, comprendiendo afectivamente los sentimientos o dificultades de tu empleado cuando se trata de comunicar y dejando de lado cualquier posible fuente de incomprensión entre tú y tu empleado.

Aplicación de los principios básicos: Los líderes que escuchan activamente a sus seguidores se enfocan en los hechos como una manera de limitar sus juicios infundados. Al demostrar que las comunicaciones de los seguidores son importantes y merecen atención, se incrementa su autoconfianza y autoestima, fortaleciendo positivamente la relación entre el líder y su seguidor.

En la práctica

Contesta las siguientes preguntas:

• ¿Cuál es tu postura corporal habitual cuando tus subordinados acuden a hablar contigo?

• ¿Eres capaz de contener tus juicios y evaluaciones antes de que terminen de hablar tus empleados?

• ¿Qué señales no verbales utilizas para mostrar tu entendimiento de lo que se te está diciendo?

• ¿Cuáles son tus preguntas favoritas para obtener más información antes de tomar decisiones?

• ¿Qué puedes hacer para obtener confirmación de que estás comprendiendo alguna situación?

PARTE 2: LIDERANDO EN MOMENTOS CRÍTICOS

5: INTEGRAR A LA GENTE ADECUADA

*Los murciélagos viven en
grupos a los que se
denominan bandadas.*

Panorama

El primer momento crítico que enfrentan los líderes es el reclutamiento de sus seguidores. No cabe duda que la responsabilidad más importante de un líder es elegir a aquellos que deben ser contratados para formar parte de su equipo. Realizar esto apresuradamente o dejar que sean otras personas las que lo hagan, incluyendo al Departamento de Recursos Humanos, es dejar pasar una gran oportunidad de construir un compromiso mutuo entre tu empleado y tú desde el mero principio de su relación laboral.

Los psicólogos han desarrollado herramientas psicométricas excelentes para evaluar las competencias de las personas para un trabajo, pero ninguna puede reemplazar una entrevista bien conducida; de hecho las dos han de ser vistas como complementarias. Los psicólogos han encontrado que el mejor predictor del desempeño futuro es el desempeño pasado, ya que las habilidades que ya han sido desarrolladas, más probablemente serán utilizadas que aquellas que no han sido adquiridas por el empleado. Existen dos herramientas altamente confiables que se han diseñado de manera expresa para este propósito.

1) **El *assessment center* (centro de evaluación)**, desarrollado hace algunas décadas, consiste en una serie de ejercicios estructurados que permiten a los empleados demostrar sus competencias mientras participan en algunos ejercicios. Esos

empleados son observados por evaluadores certificados y registran la frecuencia y calidad de las conductas deseadas.

2) *La entrevista por competencias* es una técnica estructurada de acuerdo con criterios específicos que les permite la identificación de un dominio de competencias necesario pata un puesto en particular. Las buenas entrevistas se orientan a evaluar las experiencias pasadas, incluyendo el uso de habilidades específicas que pueden ser relevantes para la nueva posición.

Antes de revisar las sugerencias clave, repasemos las principales etapas del proceso de reclutamiento y selección para situar a las entrevistas en su contexto.

1)   Una vez que has tomado la decisión de ocupar una vacante, debes elaborar *un perfil del puesto*. Este se deriva del análisis de los procesos y procedimientos de trabajo que quedan bajo su responsabilidad. Los perfiles deben incluir el tipo de competencias necesarias para realizar el trabajo, así que características tales como la edad, el sexo, la raza, la preferencia sexual o la preferencia política no son relevantes. En muchos países es ilegal discriminar a empleados potenciales basados en estos criterios; en caso de que una empresa sea hallada discriminando, puede ser sujeta a demandas legales.

2)   Un perfil bien definido es clave para *reclutar a la persona correcta*, pues orienta la búsqueda en la dirección correcta y hacia las competencias correctas. El reclutamiento consiste en atraer varios candidatos de calidad y convencerlos de participar en el proceso de selección. El prestigio de la compañía, el posicionamiento de sus marcas, así como el trato al personal es la mejor recomendación para atraer al mejor talento. Reclutar es responsabilidad del Departamento de Recursos Humanos, pero también lo es del gerente. El buen reclutamiento no garantiza buenos empleados, pero un mal reclutamiento

garantiza malos empleados.

3) Como mencionamos anteriormente, existen varias técnicas para *evaluar a los candidatos* y elegir al más adecuado. La utilizadas más ampliamente son las pruebas psicométricas, las evaluaciones de competencias técnicas los centros de evaluación y las entrevistas. Algunas herramientas que pueden ser usadas adicionalmente, si la legislación del país lo permite, incluye la verificación de referencias, los exámenes médicos y el uso de polígrafos. La decisión de cuáles son las herramientas más adecuadas para cada caso depende del perfil y de la validez y de la confiabilidad de las herramientas. Finalmente, si utilizas pruebas psicológicas o técnicas, te recomendamos enfáticamente que estés consciente de que no son infalibles.

4) *Elegir al empleado correcto* es un proceso de toma de decisiones basado en la información recopilada acerca de cada candidato. Siempre existirá la tendencia a contratar a la persona más agradable, pero tú decisión debe estar basada en el perfil de competencias. Cuando decidas quién debe incorporarse a tu equipo, mantén presente:

a. La capacidad del candidato. El nivel intelectual del candidato de acuerdo con los requerimientos de la posición. No te limites en la contratación del personas con discapacidad si el perfil del puesto lo permite, pero de la misma forma, si la posición demanda una elevada capacidad intelectual no dudes en buscar una persona con esa característica.

b. La competencia del candidato, usando el perfil como un parámetro para compararlas. Sé consciente de que la falta de competencia es un tema que puede ser solucionado a través de la capacitación, siempre y cuando la persona posea capacidad.

c. Las actitudes del candidato, que pueden o no

satisfacer los requisitos del perfil. Si el candidato elegido necesita cambiar alguna de sus actitudes, recuerda que la retroalimentación y la administración de consecuencias son las técnicas adecuadas para facilitar los cambios en esta área, así como para liberar los bloqueos emocionales.

d. La honestidad y otros valores del candidato. Te recomendamos fuertemente que no contrates a empleados cuyos valores sean contradictorios o divergentes de los de la organización. En este punto es mejor ser firme que flexible.

5) *La integración a la empresa* es el paso final de este proceso. Aquí debes asegurarte de que el nuevo empleado conoce bien a tu compañía, incluyendo su historia, filosofía, estructura, productos, instalaciones y otros asuntos que puedan ser necesarios para garantizar la integración total del empleado.

Estas sugerencias complementarias pueden ayudarte en este proceso:

1) En algunos países, la legislación obliga a las empresas a mantener normas de confidencialidad estrictas acerca de la información de los candidatos. Te recomendamos que te mantengas actualizado acerca de estas regulaciones.

2) A través de este proceso es importante que comiences a construir confianza mutua y respeto mutuo. Recuerda que las primeras impresiones frecuentemente afectan las relaciones de largo plazo.

Sugerencias clave

Una *entrevista efectiva* generalmente sigue estos pasos:

1) Debes prepararte para la entrevista:

a. Revisar el perfil del puesto.

b. Revisar la hoja de vida del candidato.

c. Elaborar preguntas relevantes para investigar las competencias e intereses del candidato.

d. Investigar el salario y beneficios correspondientes al puesto.

Gerente no efectivo: (No se prepara para la entrevista).

Líder efectivo: (Preparando la entrevista) "Para esta posición necesito una persona que tenga experiencia en ventas de puerta en puerta, tolerancia a la frustración, comunicación oral y habilidades de negociación. ¿Veo en el currículo de esta candidata si ha tenido la oportunidad de desarrollar estas competencias? ¿Tiene estabilidad en sus anteriores empleos? ¿Hay alguna incongruencia en su currículo en relación con las fechas, empleadores o lugares de residencia? ¿Hay algún aspecto en el que deba de profundizar? Para evaluar estas competencias debo preguntar: ¿cuál es el producto que te ha resultado más difícil de vender de puerta en puerta? ¿Qué método usaste para venderlo? ¿Durante cuánto tiempo estuviste vendiendo este producto?

2) ***Comienza puntualmente***, creando confianza (tómate un par de minutos para lograr esto).

Gerente no efectivo: "Hola Sonia, toma asiento por favor. Dime, ¿cuál fue tu primer empleo?"

Líder efectivo: "Hola Sonia, mucho gusto en conocerte (estrechando su mano), mi nombre es Esteban y voy a ser la persona con la que platiques en esta entrevista. Toma asiento, por favor. Me da mucho gusto que hayas venido, pues tenía muchas ganas de conocerte y de conocer un poco acerca de tu experiencia laboral, pues me pareció muy interesante".

3) ***Confirma el teléfono y el correo electrónico del candidato***, así como sus antecedentes educativos (dedícale un

par de minutos).

Gerente no efectivo: "Aquí dice que estudiaste en la Universidad local. Dime ¿cuáles fueron tus calificaciones?"

Líder efectivo: "En tu currículo aparece un teléfono y un correo electrónico, ¿puedo usarlos en caso de que requiera más información posteriormente? ¿Tienes algún otro teléfono o correo electrónico que te gustaría añadir? Aquí dice que estudiaste en la universidad local y que tienes una licenciatura en administración; ¿tienes algún estudio adicional?"

4)   Pregunta por información relevante relacionada con sus *empleos anteriores*, comenzando desde el más reciente (cinco a diez minutos).

Gerente no efectivo: "Sonia, por favor platícame acerca de tus empleos anteriores, comenzando por el más reciente".

Líder efectivo: "Sonia, tu último empleo fue para la compañía Orlaw, ¿es correcto? ¿Me podrías decir cuáles fueron tus principales logros ahí? ¿Por qué dejaste ese empleo? ...(y continúa revisando los últimos tres o cuatro empleos)".

5)   *Evalúa las competencias* del candidato usando las preguntas preparadas anteriormente hasta que no tengas dudas sobre la adecuación del candidato al puesto (treinta a cuarenta y cinco minutos).

Gerente no efectivo: "¿Cuáles fueron tus principales logros en cada empleo?".

Líder efectivo: (Usando las preguntas previamente preparadas) "¿Cuál es el producto que te ha resultado más difícil vender de puerta en puerta? ... ¿Qué método empleaste para venderlo? ... ¿Durante cuánto tiempo vendiste este producto? ..."

6)   Antes de concluir con la entrevista, *proporciónale*

información relevante sobre:

    a.   Los requerimientos del puesto y sus características.

    b.   Los siguientes pasos.

Gerente no efectivo: "Muy bien, Sonia, eso es todo. Gracias por venir, estaremos en contacto".

Líder efectivo: "Muy bien Sonia, ahora es mi turno de responder a tus preguntas. Primero me gustaría hablar un poco acerca de las principales características del puesto. Quien ocupe este puesto debe desarrollar estas funciones … con el propósito de lograr estos resultados … que son importantes para nuestra empresa porque … el horario de trabajo es de … a … de lunes a viernes … ¿tienes alguna pregunta? Excelente, en caso de que scas elegida para continuar con el proceso y si todavía estás interesada, los siguientes pasos son: otra entrevista con mi jefe y un examen técnico con el departamento de Recursos Humanos. Finalmente, cuando mi jefe y recursos humanos me den sus comentarios, tomaré mi decisión. Espero que todo esto no tome más de dos semanas. ¿Tienes alguna otra pregunta? … gracias, estaremos en contacto."

Por qué hacerlo

Estos son los fundamentos de las sugerencias anteriores:

1) ***Debes prepararte para la entrevista***. Algunas veces la improvisación es de gran ayuda, pero vas a analizar el perfil de una persona para decidir si encaja en tu organización, en el puesto, en tu equipo de trabajo y con tu estilo de liderazgo, como ya lo mencionamos. Esta es quizá la decisión más importante que vayas a tomar. La adecuada preparación te permitirá anticipar incongruencias, vacíos de información y contradicciones, y te proveerá una visión completa de las

competencias del candidato. La calidad de la información que recabes dependerá de la calidad de las preguntas que hayas preparado. Prepara tus cuestionamientos en función de cuándo fue la última vez que se mostró esa competencia, en qué contexto y durante cuánto tiempo se mostró de manera consistente. ¿Es una competencia que se mostró frecuentemente o solo en ocasiones? ¿cuál fue la participación específica del candidato? ¿qué resultados consiguió el candidato? ¿pueden ser comprobados esos resultados?

2) *Comienza puntualmente*, creando confianza. Algunos gerentes consideran que crear condiciones de estrés es mejor para atestiguar la habilidad del candidato de desempeñarse bajo tales condiciones. Esto es parcialmente cierto, pero puede desencadenar reacciones defensivas que enmascaren las respuestas naturales. La gente talentosa puede estar analizando diferentes ofertas de trabajo simultáneamente y pueden estar en una posición de decidir en qué organización desean trabajar; si perciben actitudes arrogantes o indiferentes de parte del entrevistador puede ser que opten por buscar un ambiente de más apoyo. Es más, una atmósfera relajada promoverá una baja en las defensas y respuestas más abiertas. Recomendamos esta segunda opción para lograr mejores entrevistas.

3) *Confirma el teléfono y el correo electrónico del candidato*, así como sus antecedentes educativos. Puede ser que algunas veces recibas currículos desactualizados, por lo que es importante verificar la información del contacto del candidato para tener la certeza de que podrás localizarlo en el futuro. A menos de que estés buscando personas para un instituto de investigación, una universidad u otras organizaciones muy particulares, o si estás buscando certificaciones profesionales específicas, la educación no es tan importante como las competencias. Hay muchas personas que han desarrollado una segunda profesión a partir de sus experiencias,

independientemente de sus estudios. Por ello, sugerimos que se dedique la mayor parte del tiempo de la entrevista a evaluar las competencias del candidato.

4) Pregunta por información relevante relacionada con sus *empleos anteriores*, comenzando desde el más reciente. Una revisión general de los empleos anteriores, comenzado por el más reciente te proporcionará una perspectiva más amplia de las responsabilidades, estabilidad laboral y otros aspectos generales del candidato. Este es el momento de investigar posibles incongruencias, vacíos y contradicciones que hayas detectado en tu revisión previa. Te recomendamos mantener en mente que no importan si en un trabajo anterior el candidato ocupó una posición con el mismo título que tú estás ofertando; lo que realmente importa son las funciones y competencias requeridas para desempeñar el trabajo.

5) *Evalúa las competencias del candidato* usando las preguntas preparadas anteriormente hasta que no tengas dudas sobre la adecuación del candidato al puesto. Hay cuatro grandes criterios que debes considerar cuando evalúes las competencias:

a. Descripción de la competencia. No es lo mismo ser un agente de bienes raíces que un vendedor de puerta en puerta, aunque ambos se encuentren en el negocio de ventas.

b. La participación directa del candidato en la ejecución de la competencia. Hay algunas personas para las que su fortaleza es la ejecución de las responsabilidades, otras que las supervisan, otras que definen las tácticas y las coordinan y otras que definen y dirigen las estrategias. Evaluar estos diferentes tipos de participación te dará información para decidir la relación que actualmente tiene el candidato con la competencia.

c. El momento en que se desempeñó la

competencia. Es de esperarse que alguien que ha practicado una competencia a lo largo de veinte años la ejecute mejor que otro candidato cuya experiencia se remonta sólo a un par de años.

d.   El contexto es el cuarto criterio que debes buscar cuando evalúas competencias. Hay personas que son muy amigables cuando escriben correos electrónicos o cuando publican algo en las redes sociales, pero que son introvertidas y tímidas en las relaciones cara a cara. El contexto puede impactar el desempeño de cualquier competencia, así que debes estar seguro de que el candidato ha mostrado la competencia en circunstancias similares a aquellas que encontrará en tu organización.

6)   Antes de concluir con la entrevista, *proporciónale información relevante*. Las entrevistas de trabajo implican dos decisiones: la del entrevistador acerca de la adecuación del candidato con el perfil del puesto y la del candidato acerca de si las características de la organización y del trabajo cubren sus expectativas. Esta etapa de información es una clara señal de que tu empresa y tú están interesados en actuar con honestidad y justicia. Finalmente, los siguientes pasos aclararán al candidato sus expectativas sobre el proceso de toma de decisiones. No olvides agradecer a cada candidato por su tiempo, apertura y esfuerzo por acudir a la entrevista.

Vinculación con los principios básicos

Autoestima del líder: Los líderes con alta autoestima no titubean en contratar gente competente, aún si muestran tener más talento que el líder. Estos líderes son conscientes de que las empresas requieren a la mejor gente para lograr sus metas e implementar sus estrategias. Por el contrario, los líderes con baja autoestima consideran a la gente altamente talentosa como sobre calificada para la posición y se rehúsan a contratarlas, con la excusa de que no permanecerán mucho tiempo en la empresa y que pronto se irán a otro lado. Consciente o inconscientemente, se sienten amenazados por aquellos candidatos y prefieren no contratarlos.

Autoestima del seguidor: Las entrevistas por competencias permiten a los candidatos exponer sus fortalezas y cómo las han utilizado a lo largo de su vida laboral. Si un candidato es seleccionado para ocupar un puesto vacante, este candidato sabrá que la oportunidad está enraizada en sus competencias y en sus logros pasados y potenciales, por lo que el candidato ingresa a la empresa con la convicción de que cubrirá las expectativas del líder y las necesidades de la organización. Todo esto promueve la autoconfianza del candidato.

Al crear un contexto relajado para la entrevista, como se ha dicho, es un signo inequívoco de confianza que tiene el potencial de soportar una buena relación en el futuro. Concluir la entrevista con gratitud envía un mensaje claro sobre el estilo del líder y cómo acostumbra dirigir sus equipos. Como también se dijo, darle la oportunidad al candidato de recibir información acerca de la compañía y de decidir si desea o no incorporarse a ella, es una señal clara del comportamiento justo del líder.

Aplicación de los principios básicos: El uso de la entrevista por competencias es una excelente forma de mantenerse centrado en los hechos que muestran la capacidad de la persona para manejar las responsabilidades de un trabajo específico. También elevan la autoconfianza del candidato si éste ha desarrollado genuinamente esas competencias, permitiéndole saber que esas competencias son su mejor tarjeta de presentación. Conducir una entrevista como se sugiere generará un clima de respeto y confianza mutuos que pueden seguirse cultivando si el candidato es contratado.

En la práctica

Si no estás próximo a contratar un candidato para tu equipo, tienes varias opciones para practicar las sugerencias de este capítulo:

• Pide a los especialistas de recursos humanos cómo realizan sus entrevistas y aprende de ellos.

• Pide a un amigo o a un empleado que te ayuden a practicar las sugerencias, actuando como candidato que contesta usando sus experiencias pasadas reales.

• Busca y participa en talleres específicos de entrenamiento en entrevistas por competencias.

• Si necesitas contratar a alguien en tu equipo, practica las sugerencias clave de este capítulo.

6: DEFINIR OBJETIVOS Y METAS

*La diferencia entre los
sonidos emitidos por los
murciélagos es lo que les
permite ubicar qué tan cerca
están de su objetivo.*

Panorama

Después de que un seguidor ha sido contratado, los líderes deben enfocarse en responder tres sencillas respuestas para facilitar el desempeño deseable de su seguidor:

- ¿Qué se espera que realice en su trabajo?

- ¿Cómo debe de hacerlo?

- ¿Qué tan bien está haciendo lo que se espera de él o ella?

Existen tres herramientas básicas que le dan a los empleados una respuesta precisa a la primera pregunta: objetivos bien definidos, descripciones de puesto claras y estándares de desempeño. La definición de metas y objetivos es crucial para garantizar un buen desempeño del empleado. Si no existen, los empleados pueden estar muy ocupados participando en múltiples actividades que producen muy poco o nulo impacto en la rentabilidad de la empresa. Este capítulo tiene como propósito ayudar a los líderes a apoyar a sus seguidores contestando la primera pregunta.

Un objetivo refleja nuestro propósito, una condición futura a la que aspiramos como consecuencia de nuestros esfuerzos. Los objetivos comúnmente se enuncian iniciando con un verbo de acción que expresa qué es lo que estamos buscando. Con cada objetivo, incluimos una breve declaración sobre cómo y por qué queremos hacerlo. Por ejemplo, el objetivo "definir (verbo) objetivos laborales (lo que deseamos) usando la metodología SMART+A (cómo deben ser elaborados) para alinear los esfuerzos individuales, de equipo y organizacionales a la estrategia de la empresa (finalidad)" es un buen ejemplo de los requisitos que deben satisfacerse.

Los objetivos departamentales deben derivarse de los definidos por la alta gerencia para un período de tiempo específico. Por ello, la junta directiva comúnmente define el curso de acción para la compañía en el futuro próximo o distante y, de acuerdo con ellos, se despliegan en cascada para alinear todos y cada uno de los objetivos de la compañía.

De acuerdo con Kaplan y Norton, que desarrollaron la metodología del Tablero de Control (Balanced ScoreCard), cualquier definición de objetivos debe cubrir cuatro perspectivas:

1)   Perspectiva financiera, para garantizar el retorno de la inversión y el valor económico agregado a la compañía.

2)   Perspectiva de los clientes, para adquirir nuevos clientes y consumidores, retener a los actuales y mejorar su satisfacción con los productos y servicios.

3)   Perspectiva de procesos, para alinear los procesos internos a la estrategia, mejorar la calidad y los tiempos de respuesta, reducir los costos e introducir nuevos productos o servicios en el mercado.

4)   Perspectiva del aprendizaje y desarrollo, orientada hacia la satisfacción de los empleados y con el propósito de proveerles el conocimiento y las habilidades necesarias para desempeñar su trabajo correctamente.

En 1981, George T. Doran propuso una forma astuta de escribir las metas y los objetivos. Basados en su idea, proponemos que los objetivos deben formularse de acuerdo con el acrónimo SMART+A, que significa:

• S por sencillos y específicos. Deben estar orientados a mejoras específicas, ser comprensibles para cualquier persona en la empresa y deben ser fácilmente comunicables.

• M por medibles. Los objetivos deben ser cuantificables; deben expresarse en términos de cantidades absolutas o de porcentajes. Así que no debe haber duda sobre su cumplimiento, o en qué proporción, cuando son evaluados.

• A por asignables. También deben ser asignables, porque siempre debe haber una persona que sea responsable de su cumplimiento.

• R por realistas. Deben ser realistas, alcanzables, no imposibles de lograr, porque las metas irreales pueden desmotivar a los empleados o pueden no ser tomados seriamente.

• T por temporales. Esto es que deben estar definidos para ser alcanzados en un período.

• +A por alineados. Deben estar alineados a la estrategia organizacional.

Una meta es una expresión cuantitativa de un objetivo. Las metas corresponden a la M en el acrónimo SMART+A. Cualquier meta bien definida debe estarlo en términos de una cantidad absoluta (ej. 40,000 unidades), en términos relativos (ej. 12%) o en términos de tiempo (ej. 4 de enero).

Si la estrategia de la empresa se define para largo plazo, es conveniente tener objetivos para el largo, mediano y corto plazos, asegurándose de que los correspondientes al corto y mediano plazo estén alineados con el largo plazo.

Sugerencias clave

Para definir objetivos se recomienda seguir estos seis pasos:

1) ***Elabora un borrador de los objetivos*** para cada uno de tus empleados.

Gerente no efectivo: No prepara borradores de los objetivos y se guía únicamente por la intuición, ignorando los objetivos de la compañía, el departamento y el gerente para la posición.

Líder efectivo: Se toma algún tiempo para revisar los objetivos de la alta gerencia y sus propios objetivos para escribir un borrador de las cosas que espera de cada empleado.

2) ***Acuerda entrevistas personales con cada uno*** de sus seguidores.

Gerente no efectivo: Cuando el gerente tiene algún tiempo, sin previo aviso, convoca a una reunión improvisada.

Líder efectivo: Planea con anticipación la reunión, informando al empleado los propósitos de la misma y pidiéndole al empleado que traiga algunas ideas consigo.

3) ***Reúnete con tu seguidor y escucha con atención sus propuestas***.

Gerente no efectivo: (ignorando las ideas del subordinado) "Estos van a ser tus objetivos para el próximo año. Por favor léelos y si tienes alguna pregunta o preocupación, con gusto te la respondo".

Líder efectivo: "Bien, sugieres que incluyamos esta actividad como parte de tus objetivos porque te toma casi la mitad del tiempo de tu jornada de trabajo, ¿es correcto?

4) ***Comparte tu propio borrador, buscando similitudes y diferencias.***

Gerente no efectivo: "Bien, detente ahí. Ya no necesito escuchar más. ¡Mira! Estos van a ser tus objetivos …"

Líder efectivo: "Tu idea de adelantar la fecha de entrega del reporte mensual me suena bien, así que la integraremos a tus objetivos; sugiero eliminar el tercer objetivo de tu propuesta porque se trata sólo de una actividad y no estás proponiendo ninguna mejora, si logramos encontrar una forma de mejorar esa actividad, tendríamos un buen objetivo, pero si no, prefiero eliminarlo".

5) ***Acuerda una versión definitiva***, asegurándote de que los objetivos cumplan con los criterios SAMRT+A.

Gerente no efectivo: "Este objetivo debe quedar enunciado como: mejorar el servicio para nuestros clientes más importantes".

Líder efectivo: "Este objetivo debe quedar enunciado como: reducir a 0.2% las quejas de los clientes con tarjetas de cliente preferente acerca de la temperatura de los alimentos antes del 15 de mayo".

6) ***Termina esta reunión expresando tu confianza*** en la capacidad de tu seguidor para alcanzar estos objetivos y define fechas para darles seguimiento.

Gerente no efectivo: "Finalmente, debes estar consciente de que esta vez no voy a tolerar tus ausencias o tus errores, ¿está claro?

Líder efectivo: "Finalmente, ya que estamos de acuerdo en estos objetivos, sé que vas a dar lo mejor de ti mismo, superando cualquier inconveniente o hábito que pueda afectar tu desempeño y te ofrezco mi ayuda para lograrlo. Así que te invito a que programemos reuniones formales de seguimiento cada tres meses para dar seguimiento a los avances en los objetivos".

Por qué hacerlo

Estudiemos las razones detrás de estas acciones sugeridas:

1) *Elabora un borrador de los objetivos para cada uno de tus empleados*. Para hacer esto necesitas estudiar los objetivos estratégicos de tu empresa, los de tu departamento y los tuyos propios. Como dice el dicho "las escaleras se barren de arriba para abajo", por lo que los objetivos se deben descender en cascada, comenzando por la alta gerencia, siguiendo con la gerencia media y concluyendo con los seguidores y obreros. Tú puedes haber participado en la definición de tus propios objetivos con tu supervisor, por ello te conviene usarlos como una guía para elaborar los borradores de los objetivos de tus seguidores. Recuerda que sólo se trata de borradores que pueden ser modificados y afinados.

2) *Acuerda entrevistas personales con cada uno de sus seguidores.* Estas reuniones deben realizarse en un lugar tranquilo, sin distracciones y con el tiempo suficiente para discutir las propuestas. Cuando invites a tu empleado asegúrate de que sabe cuál es el propósito de la reunión y de que sepa que debe preparar un borrador de sus objetivos con su propia perspectiva. Será de utilidad que tu seguidor tenga acceso a los objetivos de la empresa, el departamento y a los tuyos.

3) *Reúnete con tu seguidor y escucha con atención sus propuestas*. Por favor recuerda lo que comentamos acerca de la escucha, no interrumpas a tu empleado, no juzgues ni evalúes su propuesta hasta que haya terminado de explicártela.

4) *Comparte tu propio borrador, buscando similitudes y diferencias.* Enfatiza las similitudes y construye basado en ellas un acuerdo para la versión final, que incluya tanto las ideas del empleado como las tuyas. Este es un proceso de negociación, así que ve preparado para defender algunos de tus puntos de vista y a ceder en otros.

5) *Acuerda una versión definitiva*, asegurándote de que los objetivos cumplan con los criterios SAMRT+A.

6) *Termina esta reunión expresando tu confianza* en la capacidad de tu seguidor para alcanzar estos objetivos y define fechas para darles seguimiento. Este es también un buen momento para ofrecer tu apoyo y tu guía si es necesario para contribuir al éxito de tu seguidor. También es muy importante que establezcas fechas para el seguimiento.

Vinculación con los principios básicos

Autoestima del líder: Los gerentes con baja autoestima pueden esperar un pobre desempeño de sus subordinados, por lo que frecuentemente definen mediciones y períodos de tiempo más holgados que sus contrapartes con alta autoestima.

Autoestima del seguidor: como veremos en el capítulo doce, los objetivos SMART+A son la piedra angular de la motivación, debido a su capacidad de hacer que los seguidores se sientan competentes y se animen a demostrarlo a través del logro de sus objetivos.

Al darles la oportunidad de sugerir sus propios objetivos y metas a los seguidores, el líder evidencia su confianza en su habilidad y en su conocimiento sobre su propio trabajo. La justicia también está presente en el acuerdo de objetivos, mediciones y períodos realistas en los que deben ser alcanzados.

Aplicación de los principios básicos: Al definir objetivos, el líder establece las bases para una evaluación centrada en hechos, independientemente de la persona que ocupa una posición específica. Como mencionamos más arriba, motivan sentimientos de competencia en los seguidores y, por lo tanto, su autoestima. Finalmente, protegen la relación entre el líder y el seguidor en caso de que no se alcancen los objetivos, porque las subsecuentes evaluaciones estarán basadas en hechos, evitando cualquier posible malentendido que pueda involucrar venganzas personales o favoritismo hacia un subordinado en particular.

En la práctica

• Revisa tus objetivos de trabajo y, si es necesario, corrígelos para que cumplan con los criterios SMART+A.

• Como consecuencia, revisa los objetivos de tus empleados con los criterios SMART+A.

• Si tus seguidores no tienen objetivos, sigue las acciones sugeridas para elaborarlos.

7: ENTRENAR EN CUATRO PASOS

Las alas permiten a los murciélagos volar y así incrementar su libertad.

Panorama

Mencionamos en el capítulo anterior que la segunda pregunta que deben poder responder los seguidores es cómo hacer su trabajo. El entrenamiento es la herramienta adecuada en este caso.

Existe un acuerdo generalizado acerca de la importancia del entrenamiento. Cuando los seguidores demuestran que poseen las competencias necesarias para hacer un buen trabajo, la productividad se incrementa, es más fácil alcanzar estándares de calidad, hay una reducción en los costos y los desperdicios, el clima organizacional se mejora y la autoestima de los empleados se eleva.

Las organizaciones dedican mucho dinero a talleres, cursos, seminarios, congresos, maestrías y diplomados para sus empleados, pero no todas estas inversiones producen un retorno de lo invertido. Esto no significa que esos esfuerzos estén mal dirigidos o que las compañías deban dedicar estos recursos a otras áreas; no hay duda de que son realmente útiles. Es más, son esenciales para la adquisición de conocimiento sólido, basado en teorías, que puede servir de fundamento o marco de referencia para la estrategia de entrenamiento más importante: el entrenamiento en el puesto de trabajo.

La forma más efectiva de entrenar a un empleado es en el trabajo mismo, porque el entrenamiento se realiza en el lugar de trabajo real, con los problemas reales, sirviendo a clientes reales y operando maquinaria, procesos y sistemas reales.

¿Volarías en un avión si el capitán ha leído todos los manuales de operación y conociera todas las regulaciones de las autoridades, pero que nunca hubiera pilotado realmente un avión? ¡Dejarías a un ser querido en manos de un médico que sólo supiera cómo realizar cirugías teóricamente? ¿Votarías por una persona que tuviera un doctorado, pero que nunca hubiera tenido experiencia en política o en la administración pública en una elección presidencial?

La práctica real es un imperativo para convertirse en un empleado de alto desempeño, pero algunas veces es difícil poner en manos inexpertas decisiones de alto nivel, equipo costoso, a nuestros clientes más apreciados o a los empleados de un equipo, ya que los costos podrían elevarse a niveles intolerables y los errores podrían conducirnos a situaciones complejas e indeseables.

No obstante, el entrenamiento en el trabajo es la forma más efectiva de enseñar las funciones de un puesto a los empleados que han llegado a una nueva posición. ¿Qué puede hacer una organización para implementar el entrenamiento en el puesto al mismo tiempo que evita costos no deseados y consecuencias negativas? El uso de simuladores ha probado su eficacia en lograr esto. Los pilotos son entrenados en simuladores computarizados, los paramédicos utilizan maniquíes y los estudiantes de medicina practican en cadáveres. El liderazgo se aprende en la vida real, aplicando las sugerencias clave con personas reales ante problemas reales; esto es por lo que, al final de cada capítulo te invito a poner en práctica lo que aprendiste.

Regresando a nuestro tema principal, el entrenamiento en el puesto es la herramienta más efectiva, pero generalmente nuestros gerentes no son preparados en este método. La

American Society for Training and Development (ASTD) publicó un libro muy interesante sobre este tema escrito por Gary R. Sisson (2001)[1] que recomendamos ampliamente. En los siguientes párrafos aprenderás un método simple pero efectivo para cumplir con esta tarea. Es una alternativa valiosa que ha producido buenos resultados en numerosas compañías en los últimos 40 años.

Los gerentes que aplican el método de "los cuatro pasos" para el entrenamiento en el puesto:

• Reducen los costos de entrenamiento.

• Generan mejores resultados con el entrenamiento.

• Tienen empleados más orientados a las situaciones reales.

Sugerencias clave

Estos son los cuatro pasos para el entrenamiento en el puesto:

1) *El entrenador explica y ejecuta la actividad*.

Gerente no efectivo: "Muy bien Luisa, voy a realizar esto paso a paso, así que ponme atención porque vas a tener que memorizar esto (demuestra sin dar ninguna explicación)"

Líder efectivo: "Mira Luisa, te voy a explicar cómo descargar nuevos clientes; voy a hacerlo paso a paso, describiendo lo que voy a hacer y luego te mostraré cómo hacerlo. Empecemos. Primero, voy a abrir el archivo del cliente en el CRM usando mi contraseña y mi nombre de usuario, ahora (demostrando) así es como lo deberás hacer: escribes tu usuario aquí y la contraseña que escogiste previamente. En segundo lugar, en el menú

---

[1] Sisson, G. R. (2001). *Hand son training. A simple and effective method for on-the-job training*. San Francisco, CA, EUA: Berrett Koehler Publishers, Inc.

superior voy a abrir la pestaña 'nuevos clientes' usando un doble clic (lo demuestra). Después, aparecerá una nueva ventana y harás doble clic en el botón 'Agregar' (lo demuestra … "

2) *El entrenador explica la actividad mientras el entrenando la ejecuta.*

Gerente no efectivo: "Ahora muéstrame cómo se debe hacer esto". (El gerente espera la demostración, sin proporcionar ninguna guía)

Líder efectivo: "Ahora es tu turno; cerremos esta página y comencemos desde el principio. Tienes que acceder a la página usando tu nombre de usuario y tu contraseña (espera hasta que el entrenando realice la tarea). Ahora, por favor, da doble clic en la pestaña 'clientes nuevos' (espera hasta que el entrenando termine). Correcto. Da doble clic en el botón 'Agregar' … "

3) *El entrenando explica y el entrenador ejecuta.*

Gerente no efectivo: "Ahora repítelo todo, tú sola"

Líder efectivo: "El tercer paso de este método de entrenamiento requiere que tú me dirijas. Así que, ¿cuál es el primer paso que debo dar? (espera a que se le dé la instrucción correcta); ahora, ¿con qué seguimos? (espera a la siguiente indicación) … "

4) *El entrenando explica y ejecuta la actividad.*

Gerente no efectivo: "Bien, ya estás lista…"

Líder efectivo: "Finalmente, vas a explicar lo que vas a hacer y después lo haces. Necesito que hagamos esto para estar seguro de que memorizaste todos los pasos antes de ejecutarlos; así podré evaluar tu aprendizaje sin correr el riesgo de que algo salga mal".

Por qué hacerlo

1)   *El entrenador explica y ejecuta la actividad.* Antes de comenzar, organiza tu trabajo y tu área para disminuir las interrupciones y para tener a mano el material y los recursos técnicos que puedas necesitar a lo largo de la sesión de entrenamiento. Es útil ensayar previamente cómo vas a entrenar a tu nuevo empleado para que las explicaciones estén ordenadas en una secuencia lógica.

Es muy importante que sigas este método paso a paso si quieres que tu nuevo seguidor lo haga cuando ejecute cualquier procedimiento de forma cotidiana. Por supuesto que esperas que tus empleados te propongan mejoras que puedan contribuir a una mayor productividad, pero primero necesitan comprender todos los procedimientos y sus componentes en orden, antes de hacer cualquier sugerencia.

El primer paso requiere que tú realices completamente todo el trabajo; esto quiere decir "tú dices y haces". Tu descripción previa le dirá al empleado qué debe esperar y probablemente adivine qué es lo que ejecutarás. Esto pone a tu empleado en un modo activo, más atento y receptivo a tu ejecución, porque tu seguidor esperará ver si su pronóstico era correcto.

Si la anticipación de tu empleado es correcta, no pierdas la oportunidad de incrementar su autoconfianza dándole reconocimiento; si tu seguidor hace una suposición errónea, no lo hagas sentirse menos. Mejor usa esto para captar su atención. También debes tener presente que tu empleado se sentirá inseguro y puede hacer las cosas más lento de lo que esperas; ten paciencia y mantente abierto a contestar cualquier pregunta, sin importar si tu seguidor hace la misma pregunta varias veces. Finalmente, recuerda que esta es una sesión de entrenamiento, no una oportunidad para demostrar tu rapidez o dominio de la tarea.

2)   *El entrenador explica la actividad mientras el*

entrenando la ejecuta. Ahora "tú dices y el entrenando ejecuta". Una vez más, debes tener paciencia, permitiendo que tu empleado recuerde cómo ejecutar cada actividad. Si lo apresura no estarás permitiendo la consolidación del aprendizaje. El tiempo que dediques ahora te ahorrará el doble o triple de tiempo después. Recuerda que la frase "la práctica hace al maestro", le permite a tu empleado hacer las cosas a su propio ritmo; después puedes exigir una mayor velocidad, como mencionamos anteriormente, las habilidades complejas requieren al menos de 21 días consecutivos de práctica para establecerse, así que no dudes en repetir este segundo paso hasta que se desarrollen las habilidades y se adquiera el conocimiento.

Algunos gerentes, cuando el entrenamiento incurre en altos costos o implica tareas delicadas, adaptan este "tú dices y el entrenando ejecuta" en "tú dices, el entrenando explica lo que va a hacer antes de ejecutarlo, tú apruebas y el entrenando ejecuta". La mayoría de las veces esto no es necesario si el "tú dices" significa describir a detalle cada actividad que debe seguir tu seguidor.

3)   *El entrenando explica y el entrenador ejecuta.* Ahora es momento de que cierres la boca, a menos de que el entrenando pueda cometer un error muy costoso o desastroso. En este paso, "el entrenando dice y tú ejecutas", debes permitir al entrenando algún tiempo para que recuerde la secuencia completa de actividad en actividad, evita anticiparte y tomar la iniciativa. Esta es una prueba, no la definitiva, pero sí una correctiva. Aquí tienes la oportunidad de hacer las correcciones y adiciones en caso de que algo esté mal o existan lagunas en el aprendizaje del entrenando.

En este paso debes estar consciente de que nos eres un robot o un paciente bajo hipnosis. Si el entrenando pide que hagas algo equivocado, puedes detenerte y pedirle que recuerde cuál es la siguiente actividad. Tú todavía tienes el control. Siéntete con la libertad de repetir este paso tantas veces como sea necesario, para garantizar que el entrenando pase el examen final, que es el cuarto paso.

4) *El entrenando explica y ejecuta la actividad.* Este cuarto paso es una prueba objetiva del aprendizaje real del entrenando. En este paso "el entrenando dice y hace". Ahora es la oportunidad del entrenando de demostrar su dominio del nuevo trabajo. Pero tú no eres ingenuo: pídele a tu empleado que primero diga lo que va a hacer, para que tengas la oportunidad de detenerlo y corregir cualquier cosa antes de que entrenando provoque errores irrevocables o costosos. Como se trata de una prueba, debes permanecer al margen, pero continuar observando. Debes intervenir solo si es realmente necesario. Este es un momento crítico en que tu empleado se dará cuenta de sus avances y adquirir mayor autoconfianza, incrementando su autoestima.

Recuerda reconocer cualquier situación que lo merezca y ofrecer tu apoyo posterior en caso de que se presenten futuros obstáculos o problemas al paso del tiempo. Este es un buen momento para cerrar el entrenamiento en un buen estado de ánimo y fomentando la confianza mutua.

Vinculación con los principios básicos

Autoestima del líder: Esta es una excelente oportunidad para el líder de detonar su autoestima. Compartir el conocimiento muestra al líder como un experto al que se puede acudir en busca de orientación, y también provoca una admiración genuina de sus competencias. En tercer lugar, los seguidores se comprometerán personalmente con su líder porque se sentirán agradecidos con él.

Autoestima del seguidor: La adquisición de conocimiento y el desarrollo de habilidades son impulsores naturales de la autoestima. Como hemos repetido a lo largo de este libro, la sensación de ser competente es el estímulo más poderoso para la autoconfianza y la autoestima. El aprendizaje proporciona fundamentos sólidos para ambas.

Enseñar a alguien es una muestra de la confianza en la capacidad de esa persona para aprender. En algunos casos, puede ser una demostración de afecto, como en el caso de los maestros que realmente aman a sus estudiantes y ponen sus mejores esfuerzos en compartir su conocimiento con ellos.

Aplicación de los principios básicos: Aquí parece haber una contradicción entre el principio de enfocarse en los hechos y el permitir que el entrenando avance a su propio ritmo, pero no existe tal. Los líderes se deben enfocar en los hechos, es decir, que deben tener una clara idea de la secuencia precisa y correcta de los procesos de trabajo para tener una buena ejecución. Esto se consigue preparando el entrenamiento. Si el entrenamiento no está estructurado o es improvisado, puede haber varias fallas o imprecisiones que puedan afectar la ejecución posterior. Enfocarse en los hechos también significa que los líderes deben ser conscientes de las dificultades de los seguidores en el aprendizaje de un tema en específico no quiere decir que exista una completa inhabilidad para aprender. Por otra parte, el entrenamiento mejora la autoestima y la calidad de la relación líder-seguidor.

En la práctica

• Busca cualquier cambio en tu área de responsabilidad en métodos, productos, personas, estructura, tecnología o por cualquier otra razón; elige un empleado que requiera aprender una nueva actividad como resultado de estos cambios y aplica los cuatro pasos del entrenamiento.

• Si esto no es posible, elige a un empleado que quieras preparar para tu propio puesto y aplica los cuatro pasos para enseñarle alguna nueva tarea.

8: EVALUAR EL DESEMPEÑO

Un murciélago zorro puede volar hasta cuarenta o cincuenta kilómetros en línea recta hasta un árbol con frutos.

Panorama

Hasta ahora hemos revisado cómo puedes ayudar a responder las primeras dos preguntas que le pueden ayudar a mejorar su desempeño. En este capítulo, revisaremos algunas sugerencias que pueden ayudar al empleado a saber qué tan bien lo están haciendo en su trabajo.

Las evaluaciones de desempeño requieren un verdadero compromiso de los líderes. Estas evaluaciones son herramientas muy poderosas si se usan adecuadamente, pero la confusión y la inconformidad pueden surgir cuando se usan de forma incorrecta.

Hay dos características clave de las evaluaciones de desempeño profesionales: objetividad y consistencia. Con frecuencia los empleados son contratados bajo la promesa de que se revisará su salario o beneficios como resultado de las evaluaciones, pero también es muy común que estas revisiones nunca se realicen o se hagan superficial o destructivamente, traicionando su propósito.

Hay tres razones básicas para realizar evaluaciones de desempeño:

1) ***Para dar retroalimentación***. Revisamos este tema en el

capítulo de entrenamiento, pero recordemos que las lecciones más importantes derivadas de un trabajo son aquellas provenientes de la retroalimentación de los gerentes. Por esto, las evaluaciones son excelentes oportunidades para que los gerentes compartan su experiencia con sus empleados. La mayoría de los empleados está deseosa de realizar un mejor trabajo y necesitan guía para hacerlo. Un líder efectivo toma ventaja de este deseo y proporciona retroalimentación profesional cuando es conveniente, pero especialmente como resultado de las evaluaciones.

2)   *Para medir el avance de las estrategias*. En el capítulo seis explicamos la importancia de alinear los objetivos y metas con la estrategia de la empresa. Naturalmente, las evaluaciones son la manera más adecuada para medir el avance de la estrategia. Para cada individuo, las evaluaciones de desempeño les proporcionan la oportunidad de ser conscientes del valor de su contribución a la estrategia, pero también muestran el grado en que los diferentes departamentos o puestos de trabajo construyen dicha estrategia.

3)   *Para alimentar el sistema de compensación*. En la actualidad muchos de los sistemas de compensación están integrados por dos componentes: un salario fijo u una compensación variable, generalmente bonos, para premiar el buen desempeño y castigar logros insuficientes o mediocres. Este no es el lugar para discutir los beneficios de los sistemas de compensación variables, solo basta decir que no son tan sencillos como parecen, pues cuando se manejan de manera incorrecta, pueden terminar con la motivación interna de los empleados o, por otra parte, puede ser que no motiven mejores desempeños.

Sugerencias clave

Hay cinco sugerencias clave para conducir evaluaciones de

desempeño profesionales:

1) *Busca activamente las autoevaluaciones de los empleados* acerca de su desempeño, usando los objetivos y metas definidos.

Gerente no efectivo: (sin solicitar auto-evaluación) "Eder, así es como veo tu desempeño en el último período…"

Líder efectivo: "Eder, en relación con los objetivos de este período, qué piensas acerca de tu desempeño …" (y escucha activamente).

2) *Revisa a detalle los objetivos definidos para este período*, recopilando información objetiva.

Gerente no efectivo: "Eder, ya revise tu desempeño y no estoy contento con un par de asuntos… "

Líder efectivo: "Eder, revisemos uno a uno tus avances en cada objetivo. Para el primero, tu compromiso fue de 4,000 piezas al día con 0.001% de defectuosos y entregaste un promedio de 4,023 con 0.0012% de defectuosos, ¿cómo explicas estas variaciones? …"

3) *Reconoce los logros de este período*.

Gerente no efectivo: (ignora los logros) "Bien, Eder, no alcanzaste los objetivos 1 y 4 …"

Líder efectivo: "Bien, estoy contento porque lograste completamente los objetivos 2, 3 y 5 y reconozco que el 3 era particularmente difícil, por lo que era muy valioso para mí y por ello le dimos una mayor ponderación. Hiciste un gran trabajo en esto; te felicito por estos tres".

4) *Pide mejoras en una o dos áreas significativas*.

Gerente no efectivo: "Necesito que pongas atención en la calibración del XRC; también debes estar seguro de que los insumos llegan a tiempo; tener más cuidado con los materiales de empaque; resolver el problema con Frank, porque necesito que seas más cooperativo; tampoco seas cobarde cuando tengas que tomar decisiones; y, de paso, dile a Telma que sea menos individualista, ¿está claro?

Líder efectivo: "hay varias cosas que podrían mejorarse, pero enfoquémonos en las más relevantes: antes de comenzar el día, asegúrate de que el XRC esté bien calibrado y mejora el trabajo en equipo, particularmente con Frank y Telma. No te pido que sean mejores amigos, solo que puedan trabajar juntos. ¿Estás de acuerdo con estas sugerencias?

5) ***Resume el desempeño y termina con una nota positiva***.

Gerente no efectivo: "Regresemos a trabajar. Te anticipo que no aceptaré excusas la próxima vez".

Líder efectivo: "En resumen, hiciste un buen trabajo con los objetivos 2, 3 y 5 y quiero que trabajes en la calibración del XRC y en el trabajo en equipo. ¿Estás de acuerdo? Bien, reunámonos otra vez el 18 de marzo para revisar los avances. Quiere reiterar que estoy para apoyarte. Gracias por tu tiempo".

Por qué hacerlo

Estos cinco pasos son importantes porque te ayudarán a realizar mejores evaluaciones de desempeño de tus empleados:

1) ***Busca activamente las autoevaluaciones de los empleados*** acerca de su desempeño, usando los objetivos y metas definidos. Los empleados frecuentemente tienen la sensación de que sus puestos laborales les pertenecen. Cuando contratas a un empleado, lo eliges porque su perfil profesional y personal coincide con los requisitos del puesto, por lo que en muchos casos, ellos están convencidos de que dominan dichos

requerimientos. Si pides su opinión acerca de su desempeño, estás mostrando respeto por esta creencia así como facilitando la reflexión personal sobre la manera en que perciben acerca de sus contribuciones y de su valor para la organización. Esto último los pondrá en un modo más receptivo cuando llegues al tema de las mejoras.

2) *Revisa a detalle los objetivos definidos para este período*, recopilando información objetiva. Este es un paso crítico para garantizar una evaluación objetiva y justa. Si ya cuentas con objetivos que han sido elaborados usando los criterios SMART+A, ya has garantizado que sean medibles y que estén expresados en cantidad o en fechas de terminación. Así que cuando llegue el momento de las evaluaciones, necesitas reunir información sólida para compararla contra los logros de los empleados y dejar poco o ningún espacio a controversias. En cambio, deberás dejar suficiente espacio para discutir las razones o circunstancias que hicieron posible o impidieron alcanzar la cantidad o las fechas deseadas. Asegúrate de escuchar en modo activo para tener una experiencia profunda y placentera para ti y tu seguidor.

3) *Reconoce los logros de este período*. Debes estar consciente de que la evaluación de desempeño usa las revisiones pasadas del desempeño para mejorar la ejecución futura, por lo que la motivación es un elemento clave que debes salvaguardar como resultado de la evaluación. En un capítulo posterior, veremos algunas recomendaciones para mantener motivado a tu equipo de trabajo, pero por ahora, ten en mente que el reconocimiento incentiva la motivación. El siguiente capítulo profundizará en este tema, pero será suficiente si solamente expresas tu gratitud de manera concisa y específica, evitando las adulaciones y la mezquindad.

4) *Pide mejoras en una o dos áreas significativas*. En el primer paso, tus empleados pueden haber mencionado una o dos

áreas de mejora cuando les preguntaste acerca de sus percepciones sobre su desempeño. Si estás de acuerdo con ellas, déjales saber que esas áreas también te preocupan y pídeles respetuosamente que trabajen en ellas. Hay algunas precauciones que debes de tener en este paso. Primero, no pidas demasiados cambios, pues tus seguidores pueden desenfocarse. Si hay muchas áreas de mejora, selecciona solo una o dos de las más importantes. Segundo, trata de ser específico acerca de los cambios que esperas de tal forma que puedas evaluar los futuros cambios. Tercero, trata de llegar a un acuerdo con tu empleado, las imposiciones pueden producir solo cambios superficiales o ninguno.

5) ***Resume el desempeño y termina con una nota positiva***. Un resumen enfatiza el reconocimiento así como los cambios necesarios, pero también contribuye a motivar a tu empleado. Concluir con una nota positiva incrementa aún más la motivación y te da la oportunidad de reforzar tu disposición a ayudar cuando sea necesario.

Vinculación con los principios básicos

Autoestima del líder: Los líderes que conducen evaluaciones de desempeño no tienen miedo de confrontar a sus seguidores con seis resultados, para bien o para mal, y con frecuencia son los que tienen suficientemente altos niveles de autoestima para hablar abiertamente acerca de las debilidades y de las fortalezas de sus seguidores. Los gerentes con baja autoestima evitan las evaluaciones porque se sienten incompetentes de enfrentar las deficiencias y éxitos de sus subordinados, y si se les obliga a evaluarlos, lo harán solo por cumplir con la formalidad. Aún más, puede ser que eviten el contacto personal con sus subordinados y evalúen los logros de los objetivos unilateralmente en ausencia del trabajador.

Autoestima del seguidor: Lejos de desmotivar a sus seguidores, los líderes que evalúan su desempeño usando las sugerencias aportadas en este capítulo siempre terminan sus sesiones con una nota de confianza en la habilidad de sus seguidores de mejorar su desempeño, elevando su autoestima y preparándolo para desempeñarse mejor la próxima vez.

La confianza es inequívoca y explícitamente demostrada en los pasos uno y cinco. El afecto se demuestra cuando el líder escoge sólo un par de temas de mejora, en vez de abrumar al seguidor con una larga lista de elementos que deban ser cambiados. El reconocimiento de los logros es una buena manera de mostrar la gratitud a la inversión de talento y esfuerzo de los seguidores; la justicia es el espíritu que debe animar cualquier evaluación.

Aplicación de los principios básicos: Al evaluar el desempeño es mejor apegarse a los hechos y no perder la objetividad; esto facilitará una relación más transparente entre el líder y el seguidor sin amenazar la autoestima de nadie.

En la práctica

Para adquirir esta habilidad, te sugerimos programar una evaluación de desempeño tan pronto como te sea posible. Puede ser que tu compañía tenga fechas definidas para conducir las evaluaciones oficiales, pero no es necesario esperar hasta ese momento. Prepárate para seguir las sugerencias clave de este capítulo y:

• Evalúa a un par de tus seguidores.

• Programa reuniones de seguimiento.

• Ejecuta el seguimiento.

9: RECONOCER

Los murciélagos son los únicos mamíferos que realmente pueden volar.

Panorama

A partir de las evaluaciones de desempeño encontrarás que varios de tus seguidores han hecho lo mejor para cumplir con metas retadoras. Ellos merecen tu reconocimiento por el trabajo que han hecho. Recuerda esas cuatro actitudes fundamentales que pueden elevar la autoestima de tus empleados: confianza, respeto, justicia y gratitud. El reconocimiento es una forma de agradecimiento que frecuentemente demandan los empleados, No importa si tienen diferentes oportunidades de recibir reconocimiento, nunca será suficiente. Esto puede ser porque el reconocimiento es un deseo humano natural que todos deseamos satisfacer en el trabajo, en casa y con nuestros amigos.

La falta de reconocimiento puede desmotivar a los empleados, pero su presencia impacta positivamente en la autoestima, la autoconfianza y el compromiso hacia su líder y la organización.

Un número considerable de gerentes sólo se enfocan en los problemas y errores. Están listos para regañar cuando se cometen fallas, pero se olvidan de reconocer el éxito o los esfuerzos excepcionales cuando los atestiguan. Por ello, en general, los gerentes piden a sus subordinados que expliquen las razones de sus errores o los reprenden, pero también olvidan llamarlos para recibir felicitaciones o un reconocimiento.

Entre las quejas más frecuentes de los empleados en las mediciones de clima organizacional o de satisfacción en el trabajo están la paga insuficiente la falta de comunicación y la falta de reconocimiento. El primero es a veces difícil de satisfacer porque las empresas no siempre están en posibilidades de asumir estos incrementos en los costos, pero los otros dos se pueden corregir más fácilmente.

El reconocimiento, en particular, no necesariamente debe ser monetario. El reconocimiento social y simbólico es frecuentemente suficiente para atender esta demanda. Un "gracias" sincero o una palmadita en el hombro por un trabajo bien hecho puede ser suficiente para que tus empleados se sientan reconocidos. Otras formas efectivas de reconocimiento pueden estar bajo la forma de una carta, un correo electrónico una carta enviada a la familia del empleado, una llamada de la alta gerencia, etc.

En una empresa de servicios financieros instituimos el Día del Agradecimiento, en el aniversario de la fundación de la compañía. En esa fecha, todos eran invitados a expresar su gratitud a sus pares, líderes, seguidores, amigos, clientes y proveedores, reconociendo cualquier acción que consideraran que era merecedora de la misma.

Los líderes efectivos comprenden el poder del reconocimiento, por lo que suelen ser profusos en él. Sin embargo, hay dos consideraciones que deben tomarse en cuenta:

1)   Un líder efectivo *evita alabar en exceso*. Este tipo de líderes comprenden que el reconocimiento debe estar soportado en la sinceridad y en la precisión. Afirmaciones tales como "eres el mejor empleado de todos los tiempos" o "nadie ha hecho este trabajo con esa calidad" deben estar basados en hechos reales, de otra forma, los empleados pueden pensar que adulamos sin fundamento, disminuyendo el poder del reconocimiento.

2)   Los líderes efectivos también *evitan minimizar el elogio*. Quizá has observado, o sufrido, un momento de

reconocimiento en el que el gerente lo debilita al mencionar todos los defectos que deben corregirse inmediatamente, después del reconocimiento. En estos momentos palabras tales como "pero", "sin embargo", "no obstante", y otras aparecen con frecuencia. Los líderes efectivos saben que hay muchas oportunidades de corregir las actitudes y los comportamientos, por lo que mantienen el momento del reconocimiento tan puro como sea posible.

Sugerencias clave

Hay tres acciones clave para el reconocimiento:

1) *Describe a detalle las acciones y los resultados que son acreedores a reconocimiento* y las razones de ello.

Gerente no efectivo: "Ceci, eres la persona más maravillosa que jamás haya contratado, estoy muy contento de que estés en mi equipo"

Líder efectivo: "Ceci, consistentemente recibo buenos comentarios de nuestros clientes acerca de tu método para lidiar con sus quejas. La semana pasada recibí dos llamadas telefónicas , una de Michigan y otra de Nueva Delhi, con este mismo mensaje. Tu actitud y la forma como resuelves estas quejas facilita la lealtad de nuestros clientes".

2) *Reconoce mostrando tu gratitud personal*.

Gerente no efectivo: "Bueno, Ceci, aquí tienes tu diploma"

Líder efectivo: "Bueno, Ceci, estoy contento al darte este diploma en reconocimiento al tratamiento que das a nuestros clientes en las situaciones difíciles y quiero añadir mi gratitud personal a tu consistencia en tratar las quejas de los clientes como una verdadera profesional".

3) *Ofrece tu apoyo para mejorar el desempeño de tu*

seguidor.

Gerente no efectivo: "Ahora, Ceci, volvamos al trabajo".

Líder efectivo: "Y Ceci, si hay algo en lo que me necesites, por favor házmelo saber".

Por qué hacerlo

Veamos estas sugerencias clave con más detalle:

1)   ***Describe a detalle las acciones y los resultados por los que das reconocimiento*** y las razones del por qué. El propósito de esta acción es obtener credibilidad a tu reconocimiento. Al ser específico, tu descripción detallada de las razones detrás del reconocimiento permite a tus seguidores comprender que no eres indulgente o que solo estás adulando,

2)   ***Reconoce demostrando tu gratitud personal***. Si mantienes presente que el reconocimiento es parte de tu trabajo, estarás más propenso a satisfacer este deseo humano básico y, como resultado, motivarás más efectivamente a tus empleados. También enviarás una señal clara de qué tipo de comportamientos y actitudes son convenientes o necesarias para hacer un mejor trabajo. Cuando expresas tu gratitud personal, estás fortaleciendo la relación con tus seguidores, especialmente debido a que el reconocimiento implica justicia y la gratitud refleja respeto.

3)   ***Ofrece tu apoyo para mejorar el desempeño de tu seguidor***. Muchos subordinados caen en la rutina después de años de realizar el mismo trabajo, y pierden la frescura requerida para ver oportunidades de mejora, formas de hacer su trabajo más productivo o de mejorarlo. Como el reconocimiento rompe el impase, es un buen momento para ofrecer tu ayuda y generar hambre por el cambio. ¡No pierdas la oportunidad! Refuerza los deseos de tus empleados de lograr mejores y novedosos

resultados y tanto tú como tu organización se beneficiarán de esto.

Vinculación con los principios básicos

Autoestima del líder: Los gerentes con baja autoestima son tacaños al reconocer los logros de sus empleados porque están ansiosos de que ellos pueden superar a su jefe. Frecuentemente olvidan decir "gracias" y se disculpan diciendo que no es necesario premiar a los empleados por un trabajo bien hecho porque para eso se les paga. Por el contrario, Los líderes que disfrutan de una autoestima elevada, reconocen fácilmente a otros por sus logros y son conocidos por su gratitud hacia los demás.

Autoestima del seguidor: En este capítulo, hemos enfatizado el impacto del reconocimiento en la autoestima de los seguidores. Cuando es bien manejado, puede ser una experiencia vívida y memorable para todos.

El reconocimiento es justicia y gratitud bajo la forma de una frase, un premio, una sonrisa, una recompensa o un gesto; también es una clara demostración de justica cuando se otorga sinceramente y enraizada en razones sólidas.

Aplicación de los principios básicos: El reconocimiento basado en hechos mejora la autoestima y contribuye a hacer más estrechas y positivas las relaciones líder-seguidor.

En la práctica

Siempre es un buen momento para dar reconocimiento, así que invita a alguno de tus empleados individualmente y:

• Elige un motivo real para darle reconocimiento

• Aplica las sugerencias de este capítulo.

• Observa, en los siguientes días, qué sucede con tu equipo.

10: DELEGAR AUTORIDAD

*Los murciélagos que
necesitaban volar despacio,
flotar en el aire y ser muy
acrobáticos desarrollaron
alas cortas, alas ligeras y
cuerpos pequeños.*

Panorama

Otra consecuencia de las evaluaciones del desempeño es la posibilidad de identificar a aquellas personas que han hecho extremadamente bien su trabajo y están listas para responsabilidades más complejas. De aquí surge la necesidad de delegar.

No es una tarea fácil ser un gerente. Necesitas lidiar con el papeleo, las exigencias organizacionales, los conflictos entre tus empleados y entre tu departamento y otras áreas, guiar a tus seguidores, resolver los incidentes que surgen, anticipar obstáculos y mucho más. Algunas veces las cargas de trabajo parecen rebasar el tiempo de que dispones y tus horarios de trabajo crecen fuera de control. Los gerentes tratan de manejar escenarios como este, pero asuntos relevantes se acumulan día a día. Hay diferentes razones posibles para este fenómeno. A veces se deben a responsabilidades que no fueron anticipadas suficientemente, otras ocasiones se deben a procesos y procedimientos pobremente diseñados, en otros más se puede deber a la sensación de que nuestros subordinados no están lo suficientemente preparados para asumir mayores y más complejas responsabilidades.

Por otra parte, algunas organizaciones se pueden rehusar a

promover empleados porque no quieren dejar vacante una posición que sea difícil de reemplazar. La falta de sucesores bien preparados es otra razón que detiene el avance de los empleados talentosos al interior de la organización.

Delegar responsabilidades es una práctica efectiva que permite balancear los asuntos relacionados con la carga de trabajo de los gerentes y el avance de la carrera de los empleados.

Delegar es comúnmente confundido con dar instrucciones. Cuando se pregunta a los gerentes si ellos delegan, frecuentemente contestan que sí lo hacen, argumentando que les piden a los empleados que realicen ciertas tareas. La delegación implica el que los líderes dejen en las manos del seguidor algunas responsabilidades que son características del trabajo del líder y, de manera importante, dejar el proceso de toma de decisiones en sus manos. Esta es la clave de la delegación: que el empleado pueda decidir basado en su propio criterio y sin tener que preguntarle al jefe. Si el subordinado necesita buscar al jefe para obtener su aprobación, no existe delegación. Por ello, la delegación implica cuatro requisitos:

1) ***Pedir al empleado que se haga responsable*** de una o más tareas que corresponden a la descripción del puesto del líder.

2) ***El empleado debe ser capaz de tomar decisiones*** en relación con ese tema sin consultar al líder.

3) ***La decisión debe ser aceptada*** por el líder como si fuera su propia decisión.

4) El líder debe estar consciente de que ***delega la tarea y las decisiones***, en el entendido de que el líder sigue siendo responsable de las consecuencias derivadas de las decisiones tomadas por el empleado, aún si el líder no fue consultado.

Finalmente, el líder debe estar consciente de que cualquier responsabilidad delegada podrá ejecutarse de manera diferente a como lo haría con su propio estilo. Estas diferencias enriquecen a la organización con nuevas perspectivas y formas de resolver problemas.

Sugerencias clave

Éstas son las sugerencias clave para delegar efectivamente:

1) *Verifica la habilidad de tu empleado para atender una actividad delegada.*

Gerente no efectivo: No verifica el grado de preparación del subordinado.

Líder efectivo: "(Pensando) Ya entrené a Omar en cómo decidir sobre los descuentos para nuestros principales clientes. Él sabe qué información debe pedir y cómo analizarla. Él ha analizado conmigo algunos casos anteriormente y conoce las políticas de la empresa. Creo que está preparado para decidir sobre el caso de Contrust, así que se lo voy a delegar".

2) *Explica a tu seguidor la responsabilidad que has decidido delegarle.*

Gerente no efectivo: "Oye Omar, Quiero que veas esta solicitud de Contrust y decidas cuál sería un buen descuento para ellos ahora".

Líder efectivo: "Oye Omar, quiero que verifiques esta solicitud de Contrust y decidas cuál sería un buen descuento para ellos en esta ocasión. Sólo ten presentes las políticas de la empresa y recuerda que no debes sentar precedentes que puedan causarnos problemas futuros. Yo voy a apoyar lo que tú decidas si te apegas a los métodos de análisis y políticas de la empresa. ¿Me ayudas con esto?"

3)   *Define límites a la delegación*.

Gerente no efectivo: No define límites.

Líder efectivo: "Omar, dejo en tus manos la decisión. Tú puedes decidir sin necesidad de consultarme, excepto en dos circunstancias: si Contrust quiere más del 15% de descuento o si quieren que les extendamos el período del crédito. ¿Está claro?"

4)   *Pide a tu empleado un plan para esta responsabilidad*.

Gerente no efectivo: No solicita un plan.

Líder efectivo: "Bien Omar, ¿tienes alguna idea de cómo manejar este cliente? ¿Qué piensas hacer?"

Por qué hacerlo

Veamos estas actividades con mayor detalle:

1)   *Verifica la habilidad de tu empleado para atender una actividad delegada*. La delegación se basa en las competencias de tu empleado. Los gerentes necesitan entrenar a sus subordinados si quieren delegarles en algún momento futuro. A los empleados sin preparación generalmente no se les puede tener confianza en la delegación, y esto puede ser una buena excusa para los gerentes que desean sentirse indispensables para la organización. Otros sienten que nunca tienen tiempo para entrenar a sus empleados, por lo que éstos nunca estarán preparados para adquirir nuevas responsabilidades y ayudar a su gerente con la carga de trabajo. Un líder que ha preparado a algunos de sus seguidores para recibir delegación pueden enfermarse, irse de vacaciones o asistir a congresos y seminarios sabiendo que no habrá catástrofes esperándolos cuando regresen a su trabajo.

2)   *Explica a tu seguidor la responsabilidad que has decidido delegarle.* Cuando delegues debes ser preciso y

específico. Debes asegurarte de que tu seguidor sabe exactamente qué es lo que esperas como resultado de la responsabilidad delegada, incluyendo los resultados que deben alcanzarse y los riesgos que deben evitarse o controlarse. De cualquier forma, el líder debe permitir a sus seguidores imprimir su sello personal en el trabajo. Más importante aún, debes dar autoridad, no solo responsabilidad. Otorgar autoridad significa la libertad de tomar decisiones dentro de ciertos límites.

3) **_Define límites a la delegación._** Algunos gerentes se sienten inseguros o amenazados cuando delegan, porque tienen miedo de que sus subordinados puedan tomar decisiones que los pongan en situaciones catastróficas. La manera más sencilla de evitar esto es definiendo límites que deban respetarse al tomar decisiones. Los límites más comunes que pueden poner los líderes son aquellos relacionados con los costos excesivos, contravenir las políticas de la organización, disminuir la confianza o lealtad de los clientes o establecer precedentes que puedan llevar a condiciones indeseables en el futuro.

4) **_Pide a tu empleado un plan para esta responsabilidad_**. Si aún te sientes inseguro después del tercer paso y tu seguidor ya está bien entrenado, puedes pedirle a tu empleado que establezca un plan sobre cómo va a manejar la responsabilidad. Sólo debes tener cuidado, pues esto puede ser una manera indirecta de restarle el poder de tomar decisiones. Si tu seguidor explica su plan, permite que haya cierta flexibilidad para que sea diferente de tu manera personal de hacer las cosas, y no hagas de la presentación de su plan una forma de pre-autorización. Recuerda, tu delegación será sólo una simulación si no delegas autoridad.

Vinculación con los principios básicos

Autoestima del líder: En este capítulo hemos señalado que los líderes deben preparar a sus seguidores para que sean capaces de recibir responsabilidades delegadas; esto exige una alta autoestima para entrenarlos y delegarles tareas, dándoles la oportunidad de demostrar que pueden hacerlo mejor que su líder. Los gerentes con baja autoestima a veces se sienten inconscientemente amenazados por esta posibilidad, así que prefieren mantener el estatus de expertos, solucionadores de problemas o de ser indispensables para evitar catástrofes a la compañía.

Autoestima del seguidor: El impacto de la delegación exitosa en la autoestima de los seguidores es evidente, esencialmente cuando los seguidores se vuelven conscientes de sus nuevas habilidades que les permiten un mejor dominio de las situaciones de trabajo.

También es evidente que la delegación es una muestra de confianza y, en algunas circunstancias, un acto de justicia, facilitando el desarrollo del personal que lo merece.

Aplicación de los principios básicos: Basar la delegación en hechos, esto es en las habilidades reales de los seguidores y no en nuestras relaciones personales o en preferencias, garantizará el éxito de la delegación. Adicionalmente, una delegación justa mejora la autoconfianza del delegado y el resto del equipo se dará cuenta de que esta delegación está soportada en méritos reales, haciendo más fácil la relación.

En la práctica

Identifica a un empleado a quien puedas delegar alguna responsabilidad y sigue las sugerencias clave explicadas en este capítulo. Si eres incapaz de identificar uno, pregúntate ¿por qué te estás tardando en entrenar a alguien para que reciba delegación de tu parte? Si te sientes inseguro sobre cómo entrenar, te recomendamos leer el capítulo siete.

11: MEJORAR EL DESEMPEÑO

*Para volar, los murciélagos
deben aprender a elevarse, a
impulsarse y a maniobrar a
través de resistencias y
turbulencias del aire.*

Panorama

En contraste con aquellos que se desempeñan de acuerdo a lo esperado, las evaluaciones de desempeño también muestran a los empleados que necesitan mejorarlo. Una encuesta reciente de Gallup en 142 países concluyó que solo el 13% de los empleados realmente se sienten conectados con su trabajo, mientras que el 24% están activamente desconectados, y el 63% no están conectados . Esta condición puede empeorarse si las compañías ignoran las preferencias laborales de las nuevas generaciones, puesto que parece que son más demandantes que los empleados de generaciones previas.

La generación de los "Millennials", se refiere a aquellas personas que nacieron entre los años 1980 y 2000. Esta generación ha vivido muchos avances tecnológicos que han cambiado su forma de vivir y, por supuesto, su manera de trabajar. Los teléfonos inteligentes, el acceso a internet, Facebook, Twitter, YouTube, WhatsApp, Periscope, tabletas electrónicas, televisión en HD y 3D, Google Glass, almacenamiento en nube y muchas otras innovaciones han introducido prácticas nuevas y únicas en la vida moderna. Hace algunos años era impensable trabajar desde casa, tener el horario de trabajo que más te acomode, usar tu teléfono o tu tableta para revisar archivos , autorizar presupuestos, enviar información a tus clientes, etc.

Se ha sugerido que los Millennials, como se ha llamado a los integrantes de esta generación, vienen al trabajo con actitudes muy diferentes. Roodin y Mendelson resumen las preferencias de los Millennials así:

• Activamente buscan un balance entre su trabajo y su vida personal.

• Prefieren estrategias de comunicación digital.

• Desean horarios de trabajo flexibles.

• Les gusta trabajar con la mayor autonomía posible.

• Se adaptan a ser multitareas.

• Si el trabajo no satisface sus expectativas buscarán otro que sí lo haga.

A pesar de estos cambios, el líder efectivo debe ser capaz de lidiar con los diferentes requerimientos de sus empleados y liderarlos a través de una productividad incremental de la empresa, su desarrollo personal y la satisfacción en el trabajo. Cuando un líder percibe que uno o más de sus seguidores se desempeñan por debajo de las demandas del puesto, debe actuar inmediatamente para corregir esta situación.

Quizá el primer impulso del gerente es regañar a estos subordinados y amenazarlos con su poder de despedirlos. Pero los líderes efectivos están conscientes de que los resultados de su equipo son su responsabilidad. Recuerda que la primera pregunta que debe responderse para lograr un buen desempeño es: ¿saben los empleados qué se espera de ellos?

No puedes esperar un buen desempeño si alguien no tiene una idea clara de qué es lo que se espera de él. Debes revisar si tu empleado conoce:

• La descripción del puesto.

• Los objetivos.

• Las metas.

• Los estándares de desempeño.

• La retroalimentación oportuna, basada en la supervisión permanente.

Adicionalmente, debes estar consciente de que no eres capaz de motivar a nadie excepto a ti mismo. Puedes introducir algunos elementos que te ayuden a crear un ambiente motivador, pero corresponde a cada persona decidir si elige estar motivada o no. La motivación es una experiencia emocional que se origina en una decisión y tú no tienes la capacidad de decidir por otra persona. Un líder efectivo sabe esto, por lo que proporciona argumentos, experiencias, reflexiones, comentarios y otras tácticas, pero deja que el empleado tome la decisión de estar motivado.

También debes estar consciente de que tus empleados no son esclavos ni niños. Son adultos que merecen y esperan ser tratados como tales. Evita gritarles, ofenderlos, intimidarlos, engañarlos, mentirles, forzarlos, amenazarlos y todas las otras conductas que puedan minar la confianza y el respeto mutuos. Recuerda, tú eres quien tiene más que perder.

Sugerencias clave

Hay cinco acciones clave que puedes aplicar cuando los empleados muestran un bajo desempeño:

1) *Prepara con anticipación una reunión con tu seguidor*, avisándole cuál es el propósito de la misma.

Gerente no efectivo: (Gritando) "Oye Beto, ¿qué está pasando con tu producción? Corrígelo de una vez, no quiero más excusas".

Líder efectivo: "Beto, quiero que nos reunamos mañana. Estoy preocupado acerca de tu producción y quiero escuchar tus ideas al respecto. Piénsalo y nos vemos mañana a las 9:30 en mi oficina".

2) **Pregunta por las causas del bajo desempeño** en modo de escucha activa.

Gerente no efectivo: (En la reunión privada) "Beto, ¿no te has dado cuenta de la caída en tu producción? Necesitas más disciplina en tu departamento. Si no eres capaz de arreglarlo yo lo voy a hacer por ti; pero si yo voy a hacer tu trabajo debes comprender que ya no te necesito …"

Líder efectivo: (en la reunión privada) "Beto ¿cómo explicas la caída en la producción? ¿Y qué podemos hacer para corregirlo?

3) **Comparte tu propia perspectiva** sobre el bajo desempeño del empleado.

Gerente no efectivo: "¡No quiero escuchar más excusas! ¡Corrígelo! Tienes hasta el miércoles para hacer tu trabajo, ahora ¡vete!".

Líder efectivo: "Quiero compartirte mi punto de vista sobre esto. La producción ha caído porque tres de los miembros de tu equipo llegan frecuentemente tarde, pero se van puntualmente. Los otros miembros están desmotivados porque no haces nada al respecto. ¿Crees que esto sea la causa de la caída?"

4) **Negocia las acciones adecuadas** para lidiar con el bajo desempeño.

Gerente no efectivo: "No me importa lo que hagas, yo quiero resultados".

Líder efectivo: "Bien, voy a ver que mantenimiento revise el horno de galletas para eliminar cualquier posible causa de los retrasos y tú vas a hablar con los tres que llegan tarde para corregir ese problema y vas a investigar si existe una desmotivación en tus empleados".

5) *Resume y define fechas de seguimiento*.

Gerente no efectivo: "Recuerda, quiero resultados, no promesas."

Líder efectivo: "En resumen, yo hablo con el departamento de mantenimiento y tú hablas con tu equipo. ¿Estás de acuerdo con que veamos los avances el próximo lunes?"

Por qué hacerlo

1) *Prepara con anticipación una reunión con tu seguidor*, avisándole cuál es el propósito de la misma. Hay una frase que dice: "los premios se entregan en público, pero las llamadas de atención se hacen en privado". Concertar una reunión protege la autoestima de tu empleado porque cuando los regaños se hacen en público, los empleados tiene que enfrentar sus fracasos, pero también una sensación de humillación. Adicionalmente, si tu empleado sabe el propósito de la futura conversación, se preparará con más información útil.

2) *Pregunta por las causas del bajo desempeño* en modo de escucha activa. Si realmente quieres conocer las causas de un bajo desempeño, debes escuchar abiertamente la perspectiva de tu empleado. Algunas veces los gerentes no están enterados de todos los obstáculos y problemas que deben ser enfrentados por sus empleados. Esto no importa si crees que sabes cuáles son las causas reales de un problema; preguntar el punto de vista de un seguidor puede ayudarte a adquirir nueva información acerca del problema o, por lo menos, hasta qué punto está enterado tu empleado del problema. No dejes pasar esta oportunidad.

3) *Comparte tu propia perspectiva sobre el bajo*

desempeño del empleado. Este es el momento de que expreses tu punto de vista personal sobre este asunto. Recuerda que tu perspectiva es solo una de muchas, no necesariamente es la verdad absoluta. Cuando explicas tu perspectiva mantente abierto a recibir retroalimentación que refuerce o cambe tu punto de vista. Aquí tienes otra oportunidad de aprender acerca de aprender sobre las dificultades que encaran tus empleados para dar los resultados.

4) *Negocia las acciones adecuadas para lidiar con el bajo desempeño.* Ahora tienes suficiente información para construir una postura más sólida y tomar una decisión informada. Es tiempo de negociar el mejor curso de acción para resolver la baja en el desempeño y prevenir futuras caídas. De nuevo, en cada negociación debes aceptar que tú tendrás algunas ganancias y que también deberás ceder en algunas de tus ideas o propuestas. No esperes ganarlo todo.

5) *Resume y define fechas de seguimiento*. Ya hemos hablado de la importancia de los resúmenes y de las fechas de seguimiento. No lo dejes al destino, define una fecha de seguimiento. Una vez que acuerden la fecha, anótala en tu agenda y realízala cuando llegue el día. No te arrepentirás. Si se te olvida el seguimiento, tu empleado pensará que no era realmente importante y no estará motivado a hacer cambios.

La pregunta obvia que puede surgir después de estas acciones es ¿qué puedo hacer si el seguidor no mejora su desempeño?

La respuesta es sencilla, repite la misma secuencia una vez más, pero en el paso 5, debes advertir a tu seguidor de las posibles acciones disciplinarias que se aplicarían en caso de que no logre las mejoras. Debes terminar con una fecha de seguimiento, si persiste la falta de resultados, ese será el momento en que apliques acciones disciplinarias.

Vinculación con los principios básicos

Autoestima del líder: Algunos gerentes buscan mejorar el desempeño de sus subordinados a través de gritos o regaños, aquellos que tienen una baja autoestima son los más inclinados a hacerlo porque sienten que necesitan hacerlo así o sus subordinados no les van a hacer caso. Al seguir los pasos sugeridos en este capítulo, los líderes pueden aprender a mejorar el desempeño de sus seguidores sin deteriorar su relación.

Autoestima del seguidor: Las mejoras en el desempeño pueden contribuir a elevar la autoestima de los seguidores, puesto que ellos adquieren una sensación de ser competentes para mejorar lo que ya estaban haciendo. Al recibir sus ideas sobre su forma de mejorar el desempeño, el líder está reconociendo su conocimiento y experiencia y los trata como adultos, otorgándoles el respeto que merecen.

Al escuchar e incorporar lo que dicen los seguidores acerca de su desempeño, estos pasos se vuelven una clara demostración de confianza y también son una forma de justicia., si el líder escucha primero las perspectivas de sus seguidores. Algunas veces los gerentes pueden actuar injustamente al reprender a los subordinados por faltas que ellos no cometieron o por omisiones que fueron causadas por falta de recursos, falta de cooperación inter-departamental o, como pasa con frecuencia, por falta de apoyo del gerente. Escucharlos antes de tomar decisiones acerca de su desempeño previene la aplicación de medidas injustas.

Aplicación de los principios básicos: Los psicólogos saben que los humanos tendemos a atribuir las fallas de otros a características personales, mientras que estamos más propensos a atribuir nuestras propias fallas a circunstancias externas. Esta es una razón muy importante de por qué los líderes deben enfocarse en los hechos cuando tratan de mejorar el desempeño de sus seguidores, y ser conscientes de que la gente puede tratar de esconderse detrás de excusas; pero en otros casos, algunos factores fuera de su control pueden ser las razones de su bajo desempeño.

Los gerentes que lesionan la autoestima de sus subordinados, minando su autoconfianza, están cavando una tumba profunda para el éxito futuro. Los subordinados necesitan sentirse confiados en sus habilidades y experiencia para cambiar sus resultados. Es más, la desaprobación constante o drástica de su gerente destruye en última instancia su relación con él.

En la práctica

Piensa en el desempeño de tus seguidores y trata de identificar si alguno de ellos necesita una mejora en alguna área; luego:

• Pon en práctica las sugerencias clave revisadas en este capítulo.

• Observa qué sucede con el desempeño de tu seguidor.

12: MOTIVAR AL EQUIPO

La perseverancia de los murciélagos café puede llevarlos a ingerir hasta 1,000 mosquitos en una sola hora.

Panorama

Quienes tiene que mejorar su desempeño así como aquellos que lo hacen bien necesitan mantenerse motivados a pesar de los eventos personales, familiares o laborales que puedan, en condiciones normales, desmotivarlos. Los investigadores sugieren que la mayoría de los trabajadores estarían haciendo algo diferente a su trabajo si tuvieran la oportunidad. El trabajo a veces es visto como una carga o una condición indeseable ante la que hay que resignarse. Dichos populares como "el trabajo es tan malo que te pagan por hacerlo" o el trabajo es el castigo al pecado de Adán y Eva" han influido varias culturas, modelando la voluntad de los trabajadores de estar motivados.

Lejos de estas concepciones los equipos motivados muestran mucha energía y entusiasmo por alcanzar sus metas, y los líderes se sienten confiados viendo a los miembros de su equipo comprometidos con alcanzar los resultados e impulsando a su empresa a niveles de rentabilidad superiores a los de sus competidores en el mercado.

La motivación es un proceso interno que ocurre dentro de cada uno de nosotros. Los gerentes pueden construir contextos y condiciones que faciliten la motivación de sus subordinados, pero cada uno de ellos debe decidir si se motiva o no. La motivación está conectada con la autoestima de alguna manera:

las personas que se sienten menos competentes comúnmente tienen una sensación de estar de alguna manera inaceptablemente en desventaja, por lo que no se aceptan a sí mismas completamente, muestran una baja autoestima y se sienten menos capaces de ejecutar actividades que perciben como complejas o más allá de sus habilidades.

Lo que nos motiva es nuestra capacidad de impactar nuestro ambiente, mostrando nuestra competencia para lidiar tanto con los problemas cotidianos como con los extraordinarios. La gente que muestra baja motivación son los que sienten que los cambios que enfrentan requieren más de lo que ellos son capaces de dar.

Como explicamos en el capítulo dos, el papel fundamental de los líderes es apoyar los esfuerzos de sus seguidores para mantener alta su autoestima, y esto se facilita a través de la confianza de los líderes en la competencia de sus empleados. No hay razón por la que un líder no pueda confiar en las habilidades de sus empleados si fueron contratados de acuerdo a sus competencias, en primer lugar, y si fueron bien entrenados en el trabajo.

Cuando los empleados son conscientes de que sus gerentes les tienen confianza sólo para responsabilidades menores, reciben el mensaje de que sólo deben ejecutar esas actividades, porque el gerente no los percibe como suficientemente competentes para otras. Esta actitud genera un efecto Pigmalión negativo en los subordinados.

El ampliamente conocido efecto Pigmalión fue estudiado por Rosenthal y Jacobsen, entre otros, quienes encontraron que las expectativas de las figuras de autoridad influyen el desempeño de los estudiantes y de los subordinados. Las expectativas positivas influyen positivamente, mientras que las negativas tiene un efecto claramente negativo. Rosenthal y Jacobsen enfocaron su estudio en una escuela en la que seleccionaron a un grupo de maestros y les dijeron que un grupo de sus estudiantes habían obtenido mejores resultados en pruebas de habilidad, por lo que sería esperable que esos estudiantes se desempeñaran mejor en el salón de clases. Al finalizar el curso, obtuvieron mejores calificaciones que sus compañeros. Lo que hace a esta investigación particularmente interesante es el hecho de que no se había evaluado previamente a los estudiantes y que los supuestamente "dotados" habían sido elegidos al azar.

El mismo fenómeno se ha demostrado ampliamente en varios países y tanto con estudiantes como con trabajadores, atestiguando su universalidad.

En este capítulo usamos información previamente presentada en capítulos anteriores del libro, tales como la definición de objetivos y metas, la mejora del desempeño y el reconocimiento. Veremos cómo, combinadas, estas tres acciones mejoran la motivación de nuestro equipo.

Sugerencias clave

La motivación depende de cuatro acciones:

1) *Define con las ideas de tu empleado objetivos y metas* retadores y alcanzables siguiendo los criterios SMART+A.

Gerente no efectivo: No define objetivos ni metas usando los criterios SMART+A.

Líder efectivo: Define cada objetivo y meta de sus seguidores de acuerdo con los criterios SMART+A

2) *Haz lo que sea necesario para apoyar a tu seguidor y asegurar el éxito* de tu empleado en lograr esos objetivos y metas.

Gerente no efectivo: No apoya los esfuerzos del subordinado.

Líder efectivo: "Nina, Estamos juntos en esto. ¿Qué necesitas para lograr estos objetivos? Revisemos los recursos, el entrenamiento, tus actuales competencias, estrategias y cualquier otra cosa que necesitemos para lograr tu éxito". El líder revisa periódicamente los avances y los posibles apoyos que requiere el empleado, antes de la fecha final.

3) Una vez logrado el objetivo o meta, *reconoce el éxito de tu seguidor*.

Gerente no efectivo: No reconoce el éxito de su seguidor.

Líder efectivo: "Bien hecho, Nina, lograste tu objetivo; es tiempo de celebrar. Estoy seguro que la próxima vez podrán enfrentar metas más complejas y que también serás exitosa. Gracias por tu esfuerzo y por tu apoyo".

4) *Repite el ciclo con objetivos y metas más retadoras cada vez*.

Gerente no efectivo: Repite el ciclo inefectivo.

Líder efectivo: "Nina, ahora podemos proponernos objetivos más complejos, ¿estás de acuerdo? Hablemos de eso."

Por qué hacerlo

Ahora es tiempo de revisar estas sugerencias detalladamente:

1) *Define con las ideas de tu empleado objetivos y metas* retadoras y alcanzables siguiendo los criterios SMART+A. Como vimos en el capítulo seis, los objetivos deben cumplir los criterios SMART+A que quiere decir Sencillos, Medibles, Asignables, Realistas, Temporales y Alineados Además, si los objetivos son retadores, generarán altos niveles de motivación; una característica humana innata es el deseo de sentirse competente y dominar nuestro ambiente, que, una vez alcanzado, conduce a una experiencia placentera.

Los retos ofrecen a nuestros empleados la oportunidad de demostrar que son personas competentes y de mejorar sus niveles de autoestima y su deseo de realizar acciones excepcionales. Los líderes responsables buscan tareas que representen un verdadero reto para sus empleados, pero que al mismo tiempo, sean alcanzables.

2)	*Haz lo que sea necesario para apoyar a tu seguidor y asegurar el éxito* de tu empleado en lograr esos objetivos y metas. Algunos gerentes definen los objetivos con las ideas de sus subordinados pero descuidan el seguimiento hasta que llegan los períodos de evaluación del desempeño. La falta de apoyo, dirección o interés de los gerentes, así como la falta de recursos son otras fuentes de desmotivación. Los objetivos SMART+A son una condición para la motivación, pero no garantizan la motivación por sí mismos. Con lo que deben estar comprometidos los líderes es con el éxito de sus seguidores.

Aquí hay una advertencia importante: todo el éxito debe atribuírsele a tu empleado si realmente puso todo su esfuerzo en alcanzar el objetivo. Los empleados deben sentir que los logros son realmente de ellos, así como estar soportados en sus esfuerzos, habilidades y conocimiento. No trates de engañarlos haciendo su trabajo y atribuyéndoles después los logros, no te lo van a comprar y no van a aparecer los resultados motivacionales deseados. Por otra parte, también es conveniente restringir tu propio deseo de brillar; dales crédito por los logros y mejorarás su motivación. Una nota final: cuando los empleados se sienten empoderados porque tiene la sensación de ser competentes, siempre se sentirán agradecidos con los líderes que les ayudaron a sentirse así y le dispensarán el reconocimiento y admiración debidas.

3)	Una vez logrado el objetivo o meta, *reconoce el éxito de tu seguidor.* La motivación estará incompleta hasta que se celebren los éxitos. Este es un buen momento de aplicar las sugerencias acerca del reconocimiento revisadas en el capítulo nueve. Trata de ser sinceramente agradecido y disfruta los logros de tus empleados. La gratitud y la justicia son fundamentales para mantener elevada la autoestima de tus seguidores. Si completas el paso previo satisfactoriamente tendrás una buena razón para celebrar junto con tu empleado: hiciste un buen trabajo, y el éxito de tu empleado es también tuyo.

4) *Repite el ciclo con objetivos y metas más retadoras cada vez*. Esta es tu oportunidad de crear un círculo virtuoso que te impulse hacia arriba en tu organización. Un líder que es capaz de manejar equipos de alto desempeño es un activo valioso que busca la mayoría de las empresas. Por ello, establéceles tareas más retadoras, asegúrate de que tus empleados las logren y reconoce sus éxitos. La motivación, entonces, siempre estará presente.

Vinculación con los principios básicos

Autoestima del líder: Los equipos motivados motivan a sus líderes. Los líderes que consideran suyo el objetivo de mantener motivado a su equipo de trabajo pueden aplicar las sugerencias clave revisadas en este capítulo, incentivando su propia motivación como líder.

Autoestima del seguidor: No hay nada más que agregar sobre el tema: la motivación va de la mano con la autoestima. La motivación implica tanto la gratitud como la justicia, cultiva el respeto y requiere confianza.

Aplicación de los principios básicos: La motivación demanda apegarse a los hechos cuando se definen los objetivos y cuando se evalúan y reconocen los logros, y nutre la relación entre el líder y el seguidor.

En la práctica

Nunca es tarde para comenzar a motivar a tu equipo, así que:

• Investiga si algún miembro de tu equipo está desmotivado y las razones de ello. Escucha activamente.

• Aunque ninguno se encuentre desmotivado en tu equipo, comienza a aplicar las sugerencias clave de este capítulo para mantener la motivación.

13: FOMENTAR DISCIPLINA

Cuando llega el invierno
algunas especies de
murciélagos emigran hacia el
sur, mientras otras hibernan.

Panorama

Cuando se lidera a un equipo, enfrentarás momentos en que la disciplina debe ser aplicada. Algunas veces, las acciones disciplinarias deben se impuestas por una violación a las normas o las regulaciones, y en otras ocasiones como resultado del persistente rechazo de un empleado a mejorar su desempeño. En este último caso, las acciones deben provenir después de que se han aplicado las estrategias de mejora del desempeño. Las sanciones no son un sustituto de tales acciones, pero deben ser una consecuencia de la falta de interés del subordinado de mejorar su ejecución. Como recuerdas, las cuatro sugerencias revisadas en el capítulo once proponen lo siguiente: preguntar sobre las causas del bajo desempeño, compartir las perspectivas sobre la pobre ejecución del empleado, negociar las acciones conducentes para lidiar con la situación y definir fechas de seguimiento. Finalmente, si el seguidor no consigue mejorar, sugerimos repetir los cuatro pasos y anunciar la posibilidad de aplicar acciones disciplinarias.

Así que supongamos que después de que repetiste las acciones sugeridas para mejorar el desempeño, el subordinado todavía no realiza los cambios necesarios, a pesar de los recursos, entrenamiento, orientación, insumos y cooperación de tu parte, la de los integrantes de tu equipo o de empleados de otros departamentos y estás seguro de que la ausencia de resultados puede atribuirse completamente a la falta de interés del empleado o a una pobre actitud, has llegado al punto en que deben aplicarse medidas disciplinarias.

Hay otras circunstancias adicionales en que las sanciones deben aplicarse. Cualquier violación a las normas de la compañía o a los principios éticos son razones para promover más disciplina. Si las leyes laborales de tu país determinan causas específicas que fundamenten acciones disciplinarias, entonces puede haber causas adicionales que puedes tomar en cuenta cuando pones en práctica las sugerencias clave de este capítulo.

Las acciones disciplinarias deben ser un acto de justicia, no una venganza ni una reacción desesperada. Los líderes deben estar conscientes de sus sentimientos y cómo ellos pueden propiciar que se actúe impulsivamente, para prevenir sanciones injustificadas.

El enojo es un tema cuando se aplican acciones disciplinarias. Los gerentes pueden enojarse porque no perciben cambios en el desempeño de sus subordinados. Las sanciones no deben convertirse en una expresión del enojo del gerente, pues los subordinados pensarán que las acciones que se tomen estarán provocadas por un exabrupto y no por las razones reales que les subyacen.

El enojo también puede estar presente en las reacciones de los subordinados. La hostilidad de los subordinados puede tomar la forma de expresiones faciales de disgusto, reclamos, malas palabras, insultos o amenazas. Los líderes saben que las sanciones pueden provocar respuestas agresivas en los seguidores, por lo que toman precauciones para evitar confrontaciones, conflictos personales o reproches mutuos.

Cuando se disciplina a un seguidor, el líder debe permanecer calmado y firme, eliminando cualquier posibilidad de escalar el enojo. Al final, los líderes saben que tiene razones sólidas detrás de sus acciones y que ya hicieron todo lo que estaba a su alcance para ayudar a sus empleados a mejorar su desempeño, compromiso con las normas y regulaciones y mantener un ambiente productivo en el equipo.

Sugerencias clave

Hay cinco pasos sugeridos para aplicar acciones disciplinarias:

1) *Invita a tu seguidor a una reunión en privado.*

Gerente no efectivo: Aplica las acciones disciplinarias en público, sin privacidad para el seguidor.

Líder efectivo: "Lalo, quiero hablar contigo acerca de tus ausencias frecuentes, ¿puedes venir a mi oficina en media hora?"

2) *Haz referencia a discusiones anteriores y a las normas o políticas relevantes en esta reunión.*

Gerente no efectivo: "Lalo, estoy cansado de tus ausencias, esto no puede continuar, ¿me entiendes?"

Líder efectivo: "Lalo, como sabes, hemos tenido dos reuniones previas acerca de tu ausentismo. La primera, hace dos semanas y la segunda la semana pasada. En ambas estuviste de acuerdo en no perder un día más sin mi autorización pero desde entonces has faltado un día cada semana sin avisarme ni tener permiso. ¿Me puedes explicar en tus propias palabras ¿cómo viola esto las políticas de la empresa y las regulaciones laborales?"

3) *Pregunta al seguidor por las razones que sustentan su comportamiento y escucha activamente.*

Gerente no efectivo: No pregunta por las razones del subordinado.

Líder efectivo: "como te mencioné anteriormente, esta situación afecta la productividad del equipo y pone en riesgo nuestras metas anuales. Por favor explícame qué te impide cumplir con nuestro acuerdo".

4) **Describe lo que vas a hacer para lidiar con esta situación.**

Gerente no efectivo: "Esto es lo que voy a hacer: voy a poner una amonestación por escrito en tu expediente, pero a la siguiente te despido. ¿Estoy siendo claro?"

Líder efectivo: "Esto es lo que voy a hacer. Voy a poner una amonestación escrita en tu expediente. Espero que esto te ayude a darte cuenta de que estoy hablando en serio cuando te pido un cambio. Esta amonestación puede ser eliminada de tu expediente si en los próximos seis meses no faltas ni un día".

5) **Termina la reunión recuperando la confianza.**

Gerente no efectivo: "Está bien, ¡ahora vete a trabajar!"

Líder efectivo: "Sé que tú eres un activo valioso para nuestro equipo, y no disfruto haciendo esto, pero quiero que estés seguro de que es en serio cuando te digo que los resultados del equipo están en riesgo debido a tu ausentismo. Estoy seguro de que está en ti corregir esto si realmente estás dispuesto a intentarlo, y una vez más te ofrezco mi apoyo para superar esta situación. ¿Tienes alguna duda?"

Por qué hacerlo

Estas son las razones detrás de las acciones sugeridas:

1) **Invita a tu seguidor a una reunión en privado**. Sea lo que sea que hagas, no impongas acciones disciplinarias en público. Puedes estar tentado a sentar un precedente a los demás empleados, por lo que prefieres reprender a alguien enfrente de

otras personas. Si lo haces, humillarás a tu subordinado, yendo más allá de la mera disciplina y poniendo a tu trabajador y a ti mismo en una situación de la que te puedes arrepentir posteriormente. Necesitas que tu seguidor se sienta respetado, aún en circunstancias difíciles.

2) *Haz referencia a discusiones anteriores y a las normas o políticas relevantes en esta reunión*. Si has hecho las cosas correctamente hasta ahora, tu subordinado no requerirá una larga y detallada explicación de la situación que quieres discutir. Aun así, has un breve resumen de las pláticas anteriores y cómo no han sido honrados los acuerdos. Si es posible, has referencia a las políticas de la empresa o a las regulaciones laborales que soportan tus explicaciones de cómo se ha comprometido la disciplina. Es una buena idea preguntar a tu seguidor sobre su entendimiento de estas violaciones para estar seguro de que hizo algo equivocado-

3) *Pregunta al seguidor por las razones que sustentan su comportamiento y escucha activamente*. Esta acción clave evita que seas injusto. Siempre hay la posibilidad de que circunstancias extraordinarias afecten el comportamiento de tu empleado y no desearás sancionarlo por circunstancias más allá de su control. Si no has tenido reuniones previas para mejorar el desempeño de tu seguidor o para corregir fallas comunes, los empleados pueden presentarte alguna información que te sorprenda; pero si has hecho el trabajo adecuadamente, no habrá causas inesperadas. Si hay algo que necesite aclararse, puedes usar este momento para ello y reforzar tus justificaciones.

4) *Describe lo que vas a hacer para lidiar con esta situación*. Descripciones precisas de cómo vas a proceder para imponer acciones disciplinarias, le ayudará a tu empleado a comprender en detalle qué debe esperar de este proceso. Apégate a los hechos, dejando de lado las consideraciones personales. Evita las justificaciones a tus acciones; si has actuado justamente

hasta ahora, no encontrarás desacuerdos serios. Sin embargo, ten en mente que siempre podrá presentarse una reacción de enojo del subordinado y deberás seguir nuestras recomendaciones previas.

5) **Termina la reunión recuperando la confianza**. Aunque tu empleado deje la reunión enojado, trata de mantenerte emocionalmente conectado con él. En estas circunstancias, como en otras, te recomendamos que estés consciente de que siempre tendrás más posibilidades de influir en alguien con quien te mantienes cercano que con alguien distante. Así que has lo que puedas para permanecer conectado con tus seguidores; si permites que haya distancia entre ustedes, disminuirás proporcionalmente tu capacidad de influirlos.

Vinculación con los principios básicos

Autoestima del líder: Los líderes deben considerar que las acciones disciplinarias son parte natural de sus responsabilidades. Mientras algunos gerentes son reacios a corregir las desviaciones a la disciplina, otros parecen disfrutar el imponer castigos por razones mínimas. En esto, también, la autoestima del gerente juega un papel importante en la flexibilidad o rigidez de la disciplina. Los que experimentan una baja autoestima están más propensos a aplicar acciones disciplinarias lejos de la justicia, porque sus emociones alterarán sus percepciones de las conductas en cuestión, atribuyendo a intenciones personales de los subordinados de molestar a su gerente o teniendo miedo de perder el afecto y apoyo de sus empleados. Los primeros tenderán a ser rígidos y los segundos serán más flexibles o evitarán aplicar medidas disciplinarias cuando es necesario.

Autoestima del seguidor: Si evitas humillar a los empleados, distanciándolos o involucrándote en agresiones mutuas, estarás cuidando de su autoestima. Aún en estas situaciones debes mostrar confianza en su habilidad para superar este momento difícil y para recuperar su motivación y empuje. Espera esto para generar un efecto Pigmalión positivo.

La disciplina, al igual que otras acciones del líder en relación con sus seguidores, debe estar basada en la confianza, respeto, gratitud y justicia, pero principalmente, la aplicación de acciones disciplinarias demanda absoluta justicia a prueba de fuego de parte de los líderes. Cuando llegues a este punto, debes estar consciente de que tus seguidores recibirán un mensaje de ti como resultado de una comunicación explícita o de un rumor, y ese mensaje debe ser claramente entendible. Si fallas en actuar con justicia, todos tus subordinados esperarán el mismo tratamiento cuando les llegue el momento. Adicionalmente, si sientes una gratitud sincera por tu empleado, él la sentirá, aún en estas duras condiciones a pesar de las medidas que decidas aplicar.

Aplicación de los principios básicos: Aplicar los tres principios básicos cuando disciplinas a tus empleados es un verdadero reto, pero no es imposible si sigues las acciones clave sugeridas. Apégate a los hechos para mantener credibilidad en las causas reales de la sanción, nunca juzgues la personalidad de tu empleado ni le atribuyas motivos ocultos. Aunque las acciones disciplinarias pueden afectar la autoestima de tu empleado, trata de mantener su autoconfianza pues esto puede servir de palanca para detonar su autoestima en el futuro cercano. No te distancies de tus seguidores aún si ellos se molestan; si esto sucede, decide permanecer cerca de ellos y reconstruye la confianza y el respeto mutuos.

En la práctica

Esperamos que no tengas que hacer uso de estas sugerencias, pero cuando las tengas que usar, es una Buena idea repasar este capítulo otra vez antes de hablar con tu seguidor.

Si decides que es tiempo de disciplinar a alguien, apégate a estas sugerencias, aplicándolas con afecto sincero siempre que sea posible.

14: RECOLOCACIÓN

Para excluir murciélagos de tu casa, de forma legal y humanitaria, debes instalar dispositivos que permitan su salida de manera natural.

Panorama

Cuando un líder contrata a un nuevo empleado, no aparece la idea de despedirlo. La contratación es vista como una relación de largo plazo en la que el líder, la compañía y el empleado firman un contrato legal, pero también psicológico, comprometiéndose uno con otro, en las buenas y en las malas, para poner lo mejor de su parte y para vivir felices hasta que la muerte los separe.

Sin embargo, como sucede frecuentemente con los matrimonios, las relaciones de trabajo llegan a su final antes o después y, como en los divorcios, las rupturas pueden ser amigables o verdaderas batallas. El líder efectivo está consciente de que hay otros involucrados en las rupturas y de que el belicismo no es una buena estrategia para proteger al resto del equipo. No negamos que a veces los líderes deben actuar en defensa propia y en defensa de la empresa, pero la mayor parte de las veces, al igual que en los divorcios en que la pareja trata de proteger a los niños, los líderes trabajar duro para tratar de proteger a los demás miembros del equipo. Por ello, cuando despiden a un empleado, los líderes asumen la responsabilidad por las consecuencias legales y psicológicas:

• Para el empleado despedido.

• Para la empresa.

• Para el resto del equipo.

Recomendamos con insistencia a los líderes buscar la asesoría necesaria de consultores o de expertos del departamento de recursos humanos antes de terminar una relación de trabajo, para asegurar que todos los aspectos legales sean cubiertos y de que no está poniendo en riesgo a su empresa o a sí mismo.

Cada país cuenta con diferentes requerimientos en relación con los despidos legales, pero las sugerencias en este capítulo pueden ayudar a transitar por este proceso y a evitar consecuencias indeseadas. Ten presente que las acciones sugeridas no sustituyen el consejo de un experto en tu situación específica.

Aquí encontrarás dos tipos de sugerencias clave. Las primeras están orientadas a la terminación efectiva de la relación de trabajo y las segundas a ayudarte a lidiar con el posible daño colateral en el resto del equipo.

Una buena práctica de las empresas excepcionales, es ejecutar un proceso de recolocación para ayudar a los exempleados a tener una vida productiva después de dejar la organización. Las prácticas de recolocación tiene algunas acciones similares a las de la contratación de empleados. Una evaluación de las competencias reales del antiguo empleado se utiliza para proveerle de asesoría y para guiarlo hacia un nievo empleo, el auto-empleo o cualquier alternativa que decida.

Algunos temas comúnmente incluidos en las acciones de recolocación implican entrenamiento en cómo elaborar un buen currículo, cómo manejar una entrevista de trabajo, cómo comenzar su propio negocio, cómo elegir una franquicia, cómo desarrollar un plan de retiro, etc.

Sugerencias clave

Sugerimos estas cuatro acciones para terminar un contrato:

1) *En una reunión privada, explica las razones para terminar el contrato.*

Gerente no efectivo: Despide en público.

Líder efectivo: "Karen, esto es algo que no disfruto, pero tengo que decirte que vamos a terminar tu contrato con nuestra empresa. Como sabes, nos hemos reunido cada semana a lo largo de este mes tratando de mejorar tu desempeño, sin obtener ningún resultado. Te he vuelto a entrenar y te he dado tiempo para practicar. He estado disponible para que platiquemos, pero no se han dado los resultados. Esto es por lo que ahora estamos platicando".

2) *Informa al empleado: la fecha y condiciones de terminación.*

Gerente no efectivo: "Karen, ¡estás despedida! ¡Recoge tus cosa y te vas ahorita!"

Líder efectivo: "Karen, quiero que terminemos esto el día de hoy, vas a tener algún tiempo para despedirte de tus compañeros y amigos y para informarme de los asuntos que has tenido bajo tu responsabilidad. Recibirás todos los pagos de ley hoy mismo, incluyendo todos los pagos salariales pendientes. Te voy a pedir que me dejes las llaves de tu escritorio y tu identificación de la empresa. ¿Tienes alguna pregunta?

3) *Escucha activamente la reacción de tu empleado*.

Gerente no efectivo: No escucha la reacción del empleado.

Líder efectivo: (Después de escuchar y resolver las preguntas) "Si no tienes más preguntas, me interesa saber cómo te sientes y tus ideas sobre esta terminación. ¿Me puedes comentar algo?

4) *Termina el proceso con una nota positiva.*

Gerente no efectivo: "Adiós Karen y no vuelvas a cometer los mismos errores".

Líder efectivo: "Karen, sé que es difícil verlo ahora, pero este episodio desagradable puede traerte algunas lecciones de vida importantes. Estoy seguro de que esto es para bien, quizá no ahora, pero sí en el largo o mediano plazo. También estoy seguro de que tus talentos serán valiosos para otra organización, para bien de ambos, tuyo y de la otra organización. Si lo deseas, puedes acudir a nuestro servicio de recolocación que puede ayudarte a tomar decisiones en esta nueva etapa de tu vida. Si es así, por favor ve al departamento de RH mañana a las 9 y ellos te guiarán con gusto a través de este proceso. Sólo necesito saber si estás interesada para confirmar a RH. ¿Qué les digo?"

Hay otras acciones que debes tomar para informar a tu equipo y obtener sus reacciones después de terminar el contrato de trabajo con el empleado.

1) ***En una reunión, explica a tus seguidores lo que acabas de hacer y el por qué lo hiciste.***

Gerente no efectivo: No informa al resto del equipo.

Líder efectivo: "Oigan, tengo una noticia triste que darles. Hoy tuve que despedir a Karen. Quizá no sepan, pero en el último mes sostuve reuniones semanales con ella para tratar de ayudarla a mejorar sus resultados, pero ella no hizo los cambios necesarios. Le ofrecí mi apoyo, la reentrené y le di todos los recursos disponibles para facilitarle la mejora en su desempeño, desafortunadamente todo fue en vano. Le digo esto yo mismo para evitar rumores y para que estén informados de los hechos relevantes".

2) ***Escucha activamente las reacciones de tus seguidores y contesta sus preguntas y preocupaciones.***

Gerente no efectivo: No escucha las opiniones de su equipo.

Líder efectivo: "Me gustaría escuchar qué es lo que piensan y sienten, porque sé que Karen era una buena amiga de algunos de ustedes. Realmente me interesan sus preguntas y comentarios".

3)   ***Termina con una nota positiva.***

Gerente no efectivo: "Váyanse a trabajar si no quieren terminar como Karen".

Líder efectivo: "Por favor siéntanse libres de venir conmigo con cualquier preocupación o pregunta acerca de Karen. Quiero enfatizar que se trata de un momento triste y que no disfruto esto; estoy seguro de que todos encontraremos una manera de superar este episodio. Gracias, y si no tienen más preguntas, regresemos al trabajo".

Por qué hacerlo

Ahora es tiempo de ver con mayor profundidad las acciones sugeridas. Comencemos con las encaminadas a la terminación del contrato:

1)   ***En una reunión privada, explica las razones para terminar el contrato.*** Anteriormente hemos enfatizado la importancia de las reuniones privadas para lidiar con situaciones no placenteras. Ahora, después de varias reuniones con la intención de corregir comportamientos desviados o para mejorar el desempeño del seguidor, pese a todo, debes terminar con el contrato laboral con tu seguidor. Si hasta aquí has hecho todo lo que te hemos sugerido, no necesitarás justificar tu decisión cuando platiques con tu empleado. A través de todo este proceso necesitas ser respetuoso y mantenerte firme y calmado, apegándote a los hechos. Asume la total responsabilidad de la decisión y evita culpar a cualquier otra persona. Es muy probable que tu empleado se impacte cuando escuche tu decisión, así que dale la oportunidad de digerir la noticia. Asegúrate de que tu

seguidor sepa que la decisión ya está tomada y de que no hay vuelta atrás.

2) ***Informa al empleado: la fecha y condiciones de terminación.*** Además del impacto, tu empleado puede experimentar sentimientos de tristeza. Trata de recordar que perder un empleo es una pérdida real. Los empleados ajustan sus vidas de acuerdo con sus empleos, hacen amistades, alimentan sus expectativas, adquieren deudas, se mudan a casas más cercanas al trabajo, cambian a los niños de escuela y muchas cosas más. Cuando se terminan los contratos de trabajo, los empleados pierden un ancla muy importante en sus vidas. Surgirán muchas preguntas en su mente, por ejemplo '¿cómo voy a pagar la escuela de los niños?'. '¿qué va a pasar con la hipoteca de la casa?', '¿qué voy a hacer con el tratamiento de mi mamá?', etcétera.

Por ello, los líderes deben estar conscientes de las etapas del duelo para saber cómo reaccionar y ayudar a los empleados a transitar a través de ellas. Estas cuatro fases con: impacto, hostilidad, tristeza y objetividad. El impacto requiere permanecer en contacto con la realidad y la información relativa con la terminación, así que este segundo paso debe ser tanto detallado como claro, solventando todas las dudas del empleado acerca del proceso. La hostilidad, como vimos en el capítulo previo, demanda de los líderes una reacción tranquila y escucha activa, evitando quedar atrapado en discusiones sin fin y en un pin pon de culpas. La tristeza puede estar acompañada con sentimientos de autocompasión y puede tomar la forma de una depresión profunda; en cualquier caso, el líder debe ser firme mientras mantiene una disposición sincera de escucha. Los líderes deben evitar ser condescendientes a la vez que reconocen sus habilidades con el propósito de fomentar su autoconfianza. La objetividad llega bajo la forma de resignación o de reconocimiento de las fallas y errores personales que condujeron al empleado a esta situación.

3)   *Escucha activamente la reacción de tu empleado*. Algunas empresas han implementado las entrevistas de salida para recibir retroalimentación de los empleados despedidos, así como de aquellos que se van voluntariamente. Si creaste un lazo de confianza y respeto con cada empleado, este no es un momento de tirarlo a la basura. Por el contrario, es una buena oportunidad de usarlo como catalizador para un diálogo abierto. Si crees que sea de utilidad, revisa las recomendaciones para una escucha activa del capítulo cuatro.

4)   *Termina el proceso con una nota positiva.* Puede sonar inadecuado, pero este es un buen momento para darle a tu empleado un último regalo. Sé sincero, usa palabras que realmente tengan sentido para ti y ayúdale a ver un futuro positivo. Ahora es el momento la posibilidad de incorporarse al servicio de recolocación, si existe en tu empresa. Esto es lo que hace un líder efectivo.

Las razones de comunicar tu decisión al resto del equipo son:

1)   *En una reunión, explica a tus seguidores lo que acabas de hacer y el por qué lo hiciste*. Los rumores se esparcen rápidamente y pueden generar malentendidos, confusión y falta de confianza. Esto es por lo que debes actuar tan pronto como sea posible: reúne a tus seguidores y comparte con ellos honestamente qué está sucediendo en tu equipo. Explica tu perspectiva sin dar excusas y sin tratar de convencer a todos que tomaste la mejor decisión, Algunos de los miembros de tu equipo pueden estar en desacuerdo contigo y resentir tu decisión de terminar el contrato con uno de los miembros. No esperes el apoyo unánime, si surge, será muy bueno, pero si no, habrás recopilado información de primera mano acerca de su estado motivacional.

2)   *Escucha activamente las reacciones de tus seguidores*

y contesta sus preguntas y preocupaciones. Abre un espacio para preguntas y comentarios. Recuerda, tu objetivo en esta reunión es informar y evaluar el impacto en los que permanecen en tu equipo. Debes continuar alerta que el empleado despedido hizo amistades con sus compañeros y esos lazos no van a desaparecer como resultado del despido. A veces se vuelven más fuertes. Ni te involucres en discusiones, ni conviertas esto en un monólogo. Algunos seguidores pueden enojarse o quedar decepcionados, pero en el largo plazo todos apreciarán tu valor al encarar este asunto con ellos.

3)   *Termina con una nota positiva.* El ánimo puede disminuir como resultado de despedir a un integrante de tu equipo o tal vez todos apoyen tu decisión. Esto es secundario, como siempre, deberás trabajar en restablecer la confianza y el respeto y la autoconfianza de tus seguidores.

Vinculación con los principios básicos

Autoestima del líder: Las reacciones del líder cuando termina una relación de trabajo son muy similares en la forma, pero no en la intensidad a las que vimos en el capítulo trece. Por favor, hazte consiente de ti mismo y de tus sentimientos antes, durante y después de la terminación del contrato.

Autoestima del seguidor: Obviamente la autoestima del empleado estará más profundamente afectada en este caso, que cuando se aplican las acciones disciplinarias, y seguramente perderás contacto con el antiguo empleado. No lo lastimes innecesariamente, aún bajo esas circunstancias todos merecen respeto.

En la práctica esto puede parecer difícil pero la gratitud y el respeto deben guiarte a lo largo de este proceso.

Aplicación de los principios básicos: Apegarse a los hechos, mantener la autoconfianza y terminar la relación positivamente muestran tu efectividad como líder. Esta es, de muchas maneras, la mayor prueba.

En la práctica

Asegúrate de no despedir a nadie solo para practicar estas sugerencias. De cualquier forma, si necesitas hacerlo, revisa este capítulo y busca asesoría adecuada antes de actuar.

PART 3: LIDERANDO EN CIRCUNSTANCIAS ESPECIALES

15: MANEJAR QUEJAS

Los murciélagos no son
ciegos, confían más en lo que
escuchan.

Panorama

Esta es otra situación en la que la escucha adquiere especial relevancia. Las quejas son parte de la vida cotidiana en el trabajo. Los seguidores se queja acerca de asuntos relacionados directamente con el trabajo, tales como la falta de recursos, la descompostura de maquinaria o de otros equipos, la falta de cooperación de otros departamentos, insumos defectuosos, información insuficiente o errónea; pero las quejas en el trabajo pueden deberse a otros elementos más superficiales, tales como el precio del café en la cafetería, la iluminación de la oficina, el ruido excesivo, la limpieza de los baños o los modales del personal de seguridad.

El bienestar en el trabajo es tan importante que los científicos consideran que este es uno de los indicadores más confiables dela felicidad en la vida. Desde los años de 1920 cuando Elton Mayo comenzó una serie de estudios en la planta Hawthorne en Chicago, Illinois, cientos de estudios se han realizado para investigar la importancia de diferentes factores en la satisfacción laboral y en la productividad. Aunque aún no es claro si la satisfacción laboral causa una mayor productividad o al revés, lo que ahora está claro es que bienestar en el trabajo y productividad van de la mano.

Los líderes siempre deben estar listos para escuchar quejas de sus seguidores y para tratar de encontrar cursos de acción apropiados para eliminar cualquier inconveniente que pueda causar insatisfacción. Ellos saben que las quejas que no son atendidas pueden motivar a los empleados a buscar otras oportunidades de empleo en las que se puedan sentir más cómodos. En el siglo 21, las condiciones de trabajo han cambiado para hacer el tiempo laboral más placentero para los empleados. Las oficinas se remodelas para proveer espacios abiertos, cafeterías confortables, áreas verdes, colores más alegres. Las prácticas de recursos humanos han evolucionado para ofrecer beneficios personalizados, tiempo flexible, trabajo en casa, carreras de aviones de papel, fiestas después del trabajo, días de la familia en la oficina, carreras de tortugas a la hora de la comida y exhibiciones de arte elaborado por los empleados, solo por nombrar algunas.

Los Millennials parecen ser más sensibles a estas prácticas y condiciones y tienden a buscar empresas que sean menos jerárquicas, más informales, más alegres y más flexibles. Pero aún en estos paraísos relativos puede haber problemas y los gerentes deben mostrar una voluntad permanente de conocer qué es lo que está pasando y de hacer algo para afrontar esos temas.

Las quejas no son agradables, pero pueden proporcionar información valiosa acerca de los desacuerdos que pueden conducir a consecuencias indeseables. Si actúas de manera oportuna, cuando las quejas con expresadas por primera vez, evitarás problemas más severos en el futuro.

Cuando los seguidores acuden a su líder para expresarle alguna queja, esperan ser escuchados y también esperan que se tomen acciones. Si esto no sucede, pueden sentirse no importantes para su líder o, incluso, rechazados. El poco cuidado de los gerentes en estos momentos puede conducir a la desmotivación y a que los empleados se distraigan de sus tareas y objetivos. Por otra parte, los líderes deben balancear su disposición de escuchar y la tentación de convertirse en el receptáculo de todos los problemas de sus seguidores.

Los líderes efectivos se apegan al principio de subsidiariedad: "deja que tus seguidores hagan todo aquello de lo que son capaces e intervén solo cuando sea necesario". En la práctica esto significa que el papel del líder, cuando recibe quejas , es ayudar a los propios seguidores a encontrar sus propias respuestas y a guiar sus acciones; solo en circunstancias excepcionales, cuando los seguidores no sean capaces de resolver por sí mismos algún asunto, debe participar el líder en la solución.

Las personas que reciben quejas pueden reaccionar de diferentes formas:

• El enojo es quizá la respuesta más común a las quejas. Los gerentes enojados pueden volverse defensivos y agresivos, porque pueden interpretar las quejas como fallas en su gestión o el gerente puede pensar que los empleados se quejan sobre cosas superficiales y sin importancia. Las reacciones de enojo decepcionarán a los subordinados y los volverá menos dispuestos a compartir sus preocupaciones con su gerente. Si esto sucede, el gerente estará cortando efectivamente este canal de comunicación y puede perder información importante que puede ser vital para el cumplimiento de sus objetivos.

• Menospreciar las quejas es otra reacción frecuente de los gerentes. Si consideran que las quejas de los empleados son poco importantes, pueden ignorarlas y acabar causando desmotivación. Los líderes efectivos saben que cualquier queja es importante para cualquiera de sus seguidores y debe recibir una merecida atención. Este menosprecio puede adoptar diferentes formas:

o Criticar al empleado por exagerar las situaciones ("no es tan serio").

o Dar soluciones simples ("ignóralo").

o Ignorando las emociones del subordinado ofreciendo

FERNANDO ZEPEDA

soluciones simplistas o exageradamente lógicas ("la falta de cooperación del departamento de contabilidad no es nueva, así son ellos").

• Una tercera forma de reacción es la represión. Algunos gerentes prefieren bloquear cualquier intento de queja, aun amenazando al quejoso ("si vuelves con esto otra vez, vas a tener problemas conmigo").

• La cuarta y más efectiva respuesta a las quejas es encararlas junto con tu seguidor a través de un diálogo abierto combinando las propuestas de ambos.

Sugerencias clave

Estas son nuestras sugerencias para lidiar con las quejas:

1) *Escucha activamente, evitando defenderte, agredir, minimizar y reprimir.*

Gerente no efectivo: Reacciona con respuestas no deseables.

Líder efectivo: "Frank, ¿me puedes explicar con más detalle el problema con el soporte del área de TI?

2) *Reconoce las emociones de tu seguidor.*

Gerente no efectivo: "No me molestes, solo ignóralos".

Líder efectivo: "Puedo ver que estás realmente molesto porque esperas algo diferente de TI, ¿es correcto?"

3) *Expón tu propia posición.*

Gerente no efectivo: "Esto es lo que vas a hacer la próxima vez que tengas problemas con ellos, envíame un correo electrónico con copia al director y a Denise, eso no les va a gustar".

Líder efectivo: "Entiendo que TI está realmente ocupado

134

cambiando los sistemas de seguridad y puede ser que no tengan la gente suficiente para darnos un buen servicio. Aunque los comprendo, yo te apoyo, porque sin su cooperación tú no puedes hacer tu trabajo. Nosotros somos sus clientes, y ellos deben satisfacer nuestros requerimientos".

4) *Explora en conjunto posibles soluciones y acuerda la que sea mejor para ambos.*

Gerente no efectivo: "Déjamelo a mí. Yo lo resuelvo".

Líder efectivo: "¿Qué sugieres? … está bien, suena bien, pero me gustaría tener una reunión con ellos antes de implementar la solución para que ellos tengan clara nuestra posición. ¿Estás de acuerdo?

5) *Determina una fecha de seguimiento.*

Gerente no efectivo: No define fechas de seguimiento..

Líder efectivo: "Frank, le voy a pedir a José que programe una reunión en un par de horas para hablar con él sobre esto, pero tú y yo nos reuniremos el próximo viernes para ver si hay cambios en al soporte de TI. ¿Estamos de acuerdo?".

Por qué hacerlo

Profundicemos en estas acciones sugeridas:

1) **Escucha activamente, evitando defenderte, agredir, *minimizar* y reprimir.** Si no evitas las conductas indeseables, estarás dañando la comunicación con tu seguidor. Debes ser un ejemplo de escucha; si no lo eres, tus subordinados actuarán con la misma falta de cuidado en relación con las instrucciones que les des; y no deseas que eso suceda.

2) *Reconoce las emociones de tu seguidor.* Todas las quejas vienen cargadas de emociones; comúnmente no son solo

racionales. Hay algunas investigaciones que sugieren que los humanos, expuestos a cualquier situación, primero experimentan emociones y después interpretan racionalmente que es lo que está sucediendo en su entorno, por lo que cualquier situación en la vida primero se siente y luego se interpreta intelectualmente. Recuerda, reconocer las emociones hará que tus seguidores se sientan comprendidos.

3) *Expón tu propia posición*. Debes ser honesto; si no estás de acuerdo con tu seguidor, debes ser claro al respecto, pero si lo estás, tu seguidor esperará tu apoyo y solidaridad. No tengas miedo de estar en descuerdo, ya que esta es una gran oportunidad de mostrar a tus seguidores tu perspectiva sobre esos temas; pero también debes estar dispuesto a aprender de tus empleados, que pueden tener una perspectiva más precisa sobre algún asunto.

4) *Explora en conjunto posibles soluciones y acuerda la que sea mejor para ambos*. Estás entrenado ahora en un proceso de negociación en el que vas a salir ganado en algunos aspectos, pero que deberás ceder en otros. Cualquier negociación debe estar basada en información precisa y completa, un análisis completo de las alternativas y en una selección objetiva de la más apropiada en esas circunstancias.

5) *Determina una fecha de seguimiento. No hay nada más que agregar.* Fija una fecha de seguimiento y comprométete a cumplirla.

Vinculación con los principios básicos

Autoestima del líder: Si tu reacción tiende a ser defensiva o agresiva, debes verificar tu autoestima. Los líderes con alta autoestima muestran reacciones controladas. Ni inhiben sus reacciones ni son rehenes de ellas. Tu tendencia a reaccionar te enseñará lecciones importantes acerca de ti mismo, con independencia de lo que puedas aprender directamente de las quejas de tus seguidores.

Autoestima del seguidor: De acuerdo con Will Schutz, sentirse ignorado por una persona que es importante es una verdadera amenaza para la autoestima. Trata de no minimizar de ninguna manera y estarás protegiendo la autoestima de tu empleado. También ten en mente que atender las quejas incrementa la confianza y el respeto.

Aplicación de los principios básicos: cuando alguien viene con una queja, es importante ser objetivo, por ello, apégate a los hechos. Cuando negocies alternativas con tus empleados, mantén una buena relación en todo momento y dedícate a elevar su autoestima.

En la práctica

Revisa si alguno de tus subordinados te trajo alguna queja. Trata de recordar como reaccionaste: si lo hiciste de acuerdo con nuestras sugerencias, ¡bien hecho! Mereces reconocimiento; pero si no lo hiciste, no te preocupes, siempre hay tiempo para corregir tus reacciones. Busca a tu seguidor, pídele otra oportunidad de atender ese asunto y aplica las sugerencias revisadas en este capítulo.

16: RESOLVER CONFLICTOS INTERPERSONALES

Los murciélagos tienen en sus alas células de Merkel, lo que les proporciona un tacto muy sensible.

Panorama

Las situaciones estresantes son comunes actualmente en los lugares de trabajo. Tratar de ser competitivo muchas veces impulsa a los empleados a perseguir sus objetivos con tenacidad y rapidez. Este enfoque en su trabajo puede volverlos descuidados en otros aspectos como las cooperación, el trabajo en equipo, las relaciones interpersonales y los convencionalismos sociales. Los conflictos interpersonales surgen frecuentemente como resultado de este descuido, sin que sean necesariamente un signo de malas intenciones.

Sin embargo, algunos seguidores pueden interpretar los comportamientos de otras personas como una señal de intenciones no declaradas y malvadas de perjudicarlos emocionalmente o de afectar su imagen en el trabajo. Hemos hablado anteriormente de esta tendencia humana de atribuir las fallas o las conductas indeseables a la persona y no a factores externos. Por lo que no es raro escuchar que alguien "lo hizo a propósito" o que "tiene algo en mi contra", sin otro fundamento que la interpretación del empleado sobre la conducta de otro.

Los conflictos son naturales, ellos vienen con las diferentes perspectivas de cada uno de nosotros sobre un mismo asunto. ¿Has notado que diferentes personas tiene diferentes perspectivas sobre una misma película? La película no ha cambiado, objetivamente es la misma para todos, pero nuestras experiencias pasadas, nuestra autoestima al momento de verla y la manera en que interpretamos lo que vemos, hace una gran diferencia. Por ello, no sorprende que las presiones cotidianas del trabajo puedan producir diferentes interpretaciones de un mismo evento. Gracias a estas diferencias en percepción, somos capaces de innovar y crear. Es un activo que debemos valorar y proteger. Esta es una consecuencia positiva pero, por otra parte, las diferencias que se topan con rigidez frecuentemente pueden llevar al conflicto. El verdadero problema no es la existencia de diferencias, sino la falta de flexibilidad.

Por ello, los conflictos pueden ser positivos si son capaces de generar innovación y mejora, pero son negativos si no hay control sobre ellos y llevan a un equipo al resentimiento, distanciamiento y otros comportamientos destructivos. Los conflictos deben ser guiados intencionalmente para producir los resultados deseados.

Los conflictos algunas veces pueden ser abiertos, pero en otras pueden permanecer ocultos. Los conflictos abiertos son fáciles de identificar, usualmente porque un seguidor llega a ti con quejas acerca de un compañero o subordinado. Los conflictos ocultos pueden ser detectados si percibes en tus seguidores una o varias de las siete conductas que revisamos en el capítulo uno: criticar, culpar, quejarse, molestar, amenazar, castigar y recompensar para controlar (sobornar).

Algunos gerentes tienen miedo de lidiar con los conflictos interpersonales entre sus seguidores porque no saben cómo hacerlo o porque piensan que deben tomar partido en el conflicto, antagonizando con la contraparte. La verdad es que los conflictos tienen que resolverse tan pronto como sea posible y los gerentes con frecuencia no pueden soportar las consecuencias de su inacción.

Los conflictos comunes pueden ser resueltos aplicando las acciones sugeridas en este capítulo, mientras que otros pueden requerir de mediación de parte de especialistas, pero fundamentalmente, todos los conflictos requieren de una disposición sincera de aquellos involucrados, dado que los conflictos son comúnmente visibles en sus manifestaciones, no en sus causas. Los procesos de solución de conflictos demandan apertura y habilidades de escucha de todos los participantes.

Recomendamos que los líderes utilicen nuestras sugerencias, pero si el conflicto persiste o empeora, no dudes en buscar apoyo del departamento de recursos humanos o de expertos externos. La gravedad, persistencia y consecuencias del conflicto guiarán tu decisión de dejarlo en tus manos o de buscar ayuda.

Un último comentario antes de presentar nuestras acciones sugeridas: los conflictos se encuentran en el pasado, su solución en el presente y sus beneficios en el futuro. Los líderes efectivos tratan de comprender los orígenes y evolución de los conflictos, pero insisten en enfocarse en el futuro. El verdadero reto no está en comprender qué es lo que sucedió, sino en decidir y moldear lo que va a suceder.

Sugerencias clave

Los conflictos laborales pueden enfrentarse a través de estas acciones:

1) ***Reconoce la existencia del conflicto y sugiere un método participativo para resolverlo.***

Gerente no efectivo: Niega el conflicto o regaña a sus subordinados por crearlo.

Líder efectivo: (Reunido con las partes del conflicto) "Bien, Houston tenemos un problema; Pedro hay algo entre tú y Juan que no está ayudando a nuestro equipo. He visto que estás tratando de usarme como canal de comunicación entre ustedes dos, y no entiendo por qué no se hablan entre ustedes".

2) *Pide a los involucrados que ejerciten su escucha y otras habilidades de comunicación.*

Gerente no efectivo: No exige el uso de habilidades de comunicación..

Líder efectivo: "Quiero solucionar esto, pero realmente necesito de su ayuda. Necesito que ambos se escuchen y me escuchen a mí y que sean tan abiertos como puedan. ¿Cuento con ustedes? ¿Van a poner lo mejor de su parte para llegar a un acuerdo? Necesito que sean buenos comunicadores, pero principalmente, buenos escuchas".

3) *Pide a los participantes que compartan su perspectiva y tú comparte la tuya.*

Gerente no efectivo: "No quiero volver a oír acerca de sus situaciones personales, si no son capaces de trabajar con el otro, lo voy a despedir a ambos, ¿está claro?"

Líder efectivo: "Para comenzar, les voy a pedir a ambos que expliquen desde su punto de vista qué es lo que sucede entre ustedes. Recuerden que escuchar a alguien no significa que estén de acuerdo con él o ella, solo que están escuchando. Pedro ¿puedes empezar diciéndome, en breve, qué está sucediendo? … Ahora Juan, ¿quiero escuchar tu lado de la historia? …"

4) *Solicita propuestas para resolver el conflicto, y lidera la negociación hasta llegar a un acuerdo.*

Gerente no efectivo: "Esto es lo que van a hacer …"

Líder efectivo: "Bueno, ya los escuché a ambos, ahora quiero que me den propuestas de qué van a hacer para resolver esto. Posiblemente no vayamos a estar de acuerdo en todo lo que se sugiera, pero estoy seguro de que podemos llegar a un acuerdo que nos satisfaga a todos. Juan, ahora es tu turno, qué van a hacer? … Y ahora Pedro, me interesa oír tus sugerencias …"

5) ***Define fechas de seguimiento en conjunto***.

Gerente no efectivo: No llega a acuerdos sobre el seguimiento.

Líder efectivo: "Entonces, nos reunimos el sábado para revisar avances, ¿está bien para ambos?"

Por qué hacerlo

1) ***Reconoce la existencia del conflicto y sugiere un método participativo para resolverlo***. Algunos gerentes pueden ser incapaces de resolver conflictos por las siguientes razones; algunos argumentan que están muy ocupados para lidiar con esas tonterías, otros no se dan cuenta de la extensión o profundidad del conflicto y piensan que se trata más bien de una distracción que de un verdadero problema; un tercer grupo puede pensar que si se enfocan en los conflictos los van a hacer más importantes y agudos que si los ignoran; finalmente, un cuarto grupo puede ver los conflictos como asuntos personales que deben permanecer al margen de los negocios.

Los líderes efectivos saben que la mejor estrategia para manejar los conflictos es encararlos en sus fases iniciales, más que dejarlos crecer y tratar de resolverlos cuando ya han enraizado. Las acciones preventivas pueden incluir:

• Los esfuerzos de los líderes para "dejar el escritorio y recorrer el área de trabajo". Esta simple actividad les permite observar las condiciones de trabajo y la cooperación entre sus seguidores desde la perspectiva de los empleados.

• Escuchar activamente a sus seguidores para detectar críticas, culpas, quejas, regaños, amenazas, castigos o sobornos psicológicos.

• Organizar reuniones periódicas para mantenerse informado acerca de posibles problemas entre sus seguidores y entre ellos y otros compañeros.

Hemos visto que las técnicas participativas tienen beneficios positivos para los líderes, por lo que te invitamos a practicarlas cada vez que sea posible.

2) *Pide a los involucrados que ejerciten su escucha y otras habilidades de comunicación.* Si es necesario entrena a los integrantes de tu equipo en habilidades de comunicación y de escucha, porque no sabes cuándo se requerirán. No te limites en enseñar a los seguidores involucrados en un conflicto sobre cómo poner en práctica esas habilidades y, si es conveniente, practícalas antes de continuar con estas acciones.

3) *Pide a los participantes que compartan su perspectiva y tú comparte la tuya*. Darle la oportunidad de compartir su perspectiva personal a todos los involucrados les da la sensación de estar siendo escuchados, y te proporciona información desde diferentes perspectivas. Debes evitar caer en recriminaciones sin fin o en discusiones que no llevan a ninguna parte. Debes impulsar a todos a moverse hacia el presente y el futuro sin apego a los problemas pasados. Cuando compartas tu perspectiva, sé sincero, pero no invalides los sentimientos de ninguna de las partes.

4) *Solicita propuestas para resolver el conflicto, y lidera la negociación hasta llegar a un acuerdo.* No hay mejor solución que la que es apoyada sinceramente por todos. Los psicólogos han descubierto un fenómeno llamado "pensamiento de grupo", que afecta sus decisiones. Este es un fenómeno peligroso en el que los integrantes de un grupo tratan de minimizar el conflicto suprimiendo los disensos, en busca de la

armonía o conformidad. Es peligroso porque los grupos pueden dejar de ver riesgos o problemas reales, considerando que quienes los señalan están siendo desleales con el resto Los conflictos pueden estar en riesgo de convertirse en pensamiento de grupo si todos parecen estar de acuerdo en una solución propuesta y los disidentes mantienen la boca cerrada para no ser tachados de poco cooperativos. Los líderes impulsan a sus equipos a aceptar el disenso y a aceptar las decisiones colectivas sólo cuando están realmente convencidos de que se comprometerán sin reservas de ningún tipo.

Algunas veces, los líderes deben aceptar que los miembros del equipo no sean los mejores amigos. La amistad no se puede imponer, es una consecuencia de decisiones personales, y ser miembro de un equipo no significa aceptar a los demás como amigos. Lo que se espera de ellos es que sean capaces de trabajar juntos.

5)   *Define fechas de seguimiento en conjunto*. Una vez más, no lo dejes al azar, define una fecha de seguimiento.

Vinculación con los principios básicos

Autoestima del líder: Algunos líderes se desesperan ante los conflictos porque estos representan un reto a su paciencia y a su habilidad de resolverlos. Los gerentes de baja autoestima están más inclinados a ignorarlos o a reprimirlos en vez de afrontarlos.

Autoestima del seguidor: Los conflictos sacan a la superficie los temores de los seguidores. Con más frecuencia de lo que se espera, en las raíces de los conflictos hay asuntos de baja autoestima. Los líderes deben ser capaces de identificarlos y de enseñarle a sus seguidores cómo protegerse de tales sentimientos sin generar controversias con sus pares.

Al resolver conflictos, la confianza y el respeto juegan un

papel central en crear las condiciones adecuadas para explorar el conflicto y para llegar a sus raíces; mientras la confianza y la justicia, serán fundamentales para que la solución sea aceptada. La gratitud vendrá en la forma de reconocimiento si los acuerdos son respetados y el conflicto desaparece.

Aplicación de los principios básicos: Parece obvio que enfocarse en los hechos es indispensable para alcanzar acuerdos que satisfagan a todas las partes. Esto es algo que los líderes deben enseñar a sus seguidores cuando surgen los conflictos. No es necesario decir que las relaciones constructivas, positivas son cruciales para llegar a acuerdos y que éstos, posteriormente, mejorarán las relaciones interpersonales.

En la práctica

Entrena a los miembros de tu equipo en habilidades asertivas, enfatizando las habilidades de escucha en lo particular. Evalúa la habilidad real de tus seguidores para apegarse a los hechos y, si es posible, entrénalos en ello.

Cuando surge un conflicto, lee estas sugerencias nuevamente y síguelas al pie de la letra si es posible. Si el conflicto parece ir más allá de tus habilidades, pide ayuda al departamento de recursos humanos.

17: CONFRONTAR EL ACOSO Y EL HOSTIGAMIENTO

Los murciélagos machos y hembras cohabitan en las bandadas, pero no por eso se aparean todo el tiempo.

Panorama

Algunas veces el conflicto toma la forma de acoso u hostigamiento. Aunque el acoso y el hostigamiento han existido desde el inicio de las organizaciones, se ha convertido en una gran preocupación en las organizaciones modernas debido a su impacto dañino.

El Eurofound define el acoso en el trabajo como "el abuso psicológico o humillación sistemáticos de una persona por un individuo o un grupo, con la intención de dañar su reputación, honor, dignidad humana e integridad y, finalmente llevar a la víctima a abandonar el empleo". La misma fundación adopta la siguiente definición de hostigamiento: "conducta inaceptable de uno o varios individuos que puede adoptar múltiples formas, unas más fáciles de identificar que otras ... el hostigamiento ocurre cuando uno o más trabajadores o el gerente sufren abuso repetido y deliberado, amenazas y/o humillaciones en circunstancias relacionadas con el trabajo. La violencia ocurre cuando uno o más trabajadores o el gerente son asaltados en circunstancias relacionadas con el trabajo. El hostigamiento y la violencia pueden llevarse a cabo por uno o más gerentes o trabajadores con el propósito o efecto de violar la dignidad de un gerente o trabajador, afectando su salud o creando un ambiente de trabajo hostil". En pocas palabras, El Diccionario Merriam

Webster define hostigamiento como enfadar o molestar a alguien de manera constante o repetida". Finalmente, en el mismo diccionario, el hostigamiento sexual "es la conducta verbal o física no provocada y no aceptada de naturaleza sexual especialmente de una persona con autoridad hacia un subordinado"

El acoso y el hostigamiento pueden ser de dos tipos:

• Explícito: cuando hay una manifestación clara y evidente en la forma de amenazas, insultos, contacto físico, etc.

• Velado: cuando el perpetrador insinúa, transmite agresiones en la forma de bromas, investiga la vida personal, familiar o romántica de la persona hostigada sin justificación, etc.

El líder efectivo está obligado a prevenir e impedir cualquier forma de acoso u hostigamiento que pueda afectar a sus empleados, fomentando relaciones de respeto, y si es posible, de amistad. No dudan cuando se presentan conductas de acoso u hostigamiento y detienen cualquier manifestación de ellas independientemente de las habilidades, logros anteriores o su relación con el perpetrador. Estos líderes están conscientes de las consecuencias penales de actuar como co-conspirador al permitir que persistan estas prácticas indeseables, por lo que hacen todo lo que sea necesario para prevenirlas y eliminarlas tan pronto como se da cuenta de que están sucediendo.

Cuando hombres y mujeres comparten la misma oficina o entran en contacto como resultado del trabajo es de esperarse que algunos de ellos puedan sentir afecto hacia otros del mismo o diferente sexo, de acuerdo con sus preferencias sexuales. Otros nunca sienten atracción hacia nadie en el trabajo. Es cierto que muchos matrimonios han surgido en el lugar de trabajo. Es un fenómeno natural, pero lo que no es natural es tratar de forzar a alguien a ser sexualmente condescendiente en contra de su voluntad. Los líderes efectivos observan a sus seguidores para ver si se están formando relaciones amorosas entre ellos, para aplicar la política de la compañía que sea relevante si es necesario. Muchas organizaciones no permiten que se formen parejas entre un jefe y un subalterno, otras no permiten relaciones entre compañeros ya que pueden ser consideradas como conflicto de intereses. Otras instituciones tiene políticas sobre la infidelidad de parejas y la consideran causa suficiente para despedir a un empleado. Te sugerimos que te informes sobre las políticas de tu empresa con respecto a esta materia.

Para prevenir los riesgos de acoso y hostigamiento, los líderes deben:

• Mantener contacto frecuente con sus seguidores.

• Recorrer el lugar de trabajo para observar al apego a las políticas de la empresa.

• Entrenar a sus seguidores en la política de la empresa.

• Crear un ambiente basado en los principios fundamentales de este libro, especialmente fomentando relaciones basadas en la confianza y respeto mutuos.

• Declarar abiertamente la voluntad del líder de estar informado sobre cualquier caso relacionado con acoso u hostigamiento.

Sugerencias clave

Cuando un líder detecta o es informado acerca de cualquier caso de hostigamiento o de acoso, recomendamos lo siguiente:

1) *Programa una reunión en privado y entrevista respetuosamente a la posible víctima*.

Gerente no efectivo: (En público) "Oye Annette, ¿Qué pasa contigo y con Enrique? ¿Se están acostando?"

Líder efectivo: "Annette, he visto que algo está pasando entre tú y Enrique. He visto que él insiste en hablar y reunirse contigo, pero también me he dado cuenta de que te molestas cada vez que esto sucede. ¿Hay algo que yo deba saber?"

2) ***Si la posible víctima no desea hablar o niega ser una víctima, agradécele y confirma tu deseo de prevenir y eliminar el acoso y el hostigamiento.***

Gerente no efectivo: "Vamos Annette, tienes qué decirme. Si no me dices qué es lo que está pasando, tú vas a ser la que enfrente las consecuencias".

Líder efectivo: "Bien Annette, te agradezco tu tiempo y te recuerdo que si quieres hablar conmigo acerca de cualquier cosa relacionada con tu relación con Enrique, estoy a tu disposición".

3) ***Si el seguidor confirma que está siendo victimizado, pídele que te cuente su versión y escucha activamente.***

Gerente no efectivo: "¿Te ha tocado? … ¿dónde? … ¿cuándo sucedió? … ¿estuviste de acuerdo?"

Líder efectivo: "Gracias por tenerme confianza. Si te sientes cómoda, platícame un poco más sobre esto. Explícame todo lo que creas que es relevante para que yo pueda entender la situación".

4) ***Asegúrate de que tu seguidor está de acuerdo en hablar sobre esto con especialistas.***

Gerente no efectivo: "Annette, necesito hablar con RH sobre esto. Ven conmigo".

Líder efectivo: "Annette, Te gradezco realmente tu confianza. Me gustaría hablar con los especialistas de RH sobre estos asuntos. ¿Está bien para ti si lo hago? ¿Te gustaría acompañarme?

5) *Busca asesoría de especialistas.*

Gerente no efectivo: Trata de resolver esto con sus propios medios.

Líder efectivo: Busca la asesoría de especialistas y acompaña a la víctima si ella se siente cómoda.

Por qué hacerlo

1) *Programa una reunión en privado y entrevista respetuosamente a la posible víctima*. Los casos de hostigamiento y acoso requieren sensibilidad e imparcialidad. La mayoría de las veces, las víctimas prefieren quedarse calladas porque tiene la sensación de que si sacan esto a la luz podrán causar mayores problemas que aquellos de los que quieren escapar sin lesiones emocionales. Afortunadamente esta creencia está desapareciendo y las víctimas se vuelven conscientes de que esas prácticas no tiene justificación y que deben ser eliminadas de nuestras organizaciones y de la sociedad.

De cualquier forma, el trato descuidado de los gerentes puede hacer más daño que bien a las víctimas, haciéndolas creer que el gerente tolera, es indiferente o cómplice del acoso o el hostigamiento.

Una actitud respetuosa y la escucha activa le dará a la víctima un ambiente seguro y de confianza para hablar abierta y ampliamente si es necesario,

2) *Si la posible víctima no desea hablar o niega ser una víctima, agradécele y confirma tu deseo de prevenir y eliminar el acoso y el hostigamiento*. Algunas veces puedes entender equivocadamente qué es lo que está sucediendo entre tus empleados. Si este es el caso, es mejor detenerse y enfocar tu energía y tu tiempo en otros asuntos. Por el contario, si el acoso

u hostigamiento realmente existe pero la víctima no quiere hablar de ello tu persistencia puede ser una espada de doble filo pues mientras que por un lado puedes convencer a la víctima de que se abra y revele lo que está pasando, también puede ser percibido como una amenaza adicional que incrementa el estrés y los sentimientos de culpa. Los líderes deben mostrar sensibilidad y dejar de presionar si notan que la víctima sufre alguna incomodidad.

Los líderes efectivos se esfuerzan por proveer un ambiente seguro a pesar de si la víctima decide abrirse o no. Sin importar la decisión de la víctima, debes reiterar tu disposición a escuchar u a ayudar a la víctima en cualquier momento que decida buscar ayuda. Adicionalmente, los líderes deben buscar la asesoría de especialistas sin revelar el nombre de la víctima o cualquier otra información que pueda llevar a su identificación. Muchas empresas tienen gente entrenada para asesorar en estos temas en el departamento de recursos humanos.

3) *Si el seguidor confirma que está siendo victimizado, pídele que te cuente su versión y escucha activamente.* Si el seguidor confirma que es una víctima, debes escuchar con cuidado y respeto ya que estas conversaciones pueden resultar muy incómodas para algunas personas, especialmente si hay involucrados asuntos de naturaleza sexual. Evita las exclamaciones excesivas o sin control. Nunca hagas bromas o critiques a la víctima o al posible perpetrador. Debes apegarte a los hechos y mantener tu mente imparcial. Puedes hacer más mal que bien si ignoras las quejas de la víctima, pero también si acusas injustificadamente a alguien basado en acusaciones erróneas.

Deja que la supuesta víctima explique su lado de la historia, dándole el control de la conversación y el poder de terminarla o de continuar a su voluntad. Ofrece tu apoyo a tu seguidor sin condescendencia ni dudas sobre su versión de los hechos

4) *Asegúrate de que tu seguidor está de acuerdo en hablar sobre esto con especialistas*. Ahora es el momento de negociar la posibilidad de hablar con especialistas para obtener la asesoría y el apoyo adecuados. Algunas veces la víctima confiará en ti, pero en otros casos no, por lo que es indispensable obtener el consentimiento de la víctima para buscar el apoyo de especialistas. Ten cuidado y esfuérzate por mantener la confianza de la víctima ya que ésta es tu mejor herramienta para continuar ayudándola.

Por otra parte, si la víctima se rehúsa a hablar con alguien más, debes buscar asesoría profesional sobre cómo manejar estas situaciones, pero sin revelar información que pueda conducir a la identificación de la víctima, como se explicó. Si anteriormente has recibido entrenamiento sobre estos asuntos y si te sientes capaz de manejarlos, puedes ir más allá, pero recuerda que en algunos países ciertas formas de acoso y hostigamiento tiene consecuencias penales.

4) *Busca asesoría de especialistas*. Una vez que la víctima ha accedido en buscar asesoría de especialistas, debes actuar y no dejar esto para cuando tengas tiempo libre. Si lo necesitas, busca en las políticas de la compañía sobre estos temas y apégate a ellos a menos que violes los códigos civiles o penales. Si no hay nadie entrenado en manejar estos temas, busca ayuda en servicios públicos del gobierno o en organizaciones no gubernamentales (ONG). Encontrarás personas entrenadas en cómo validar las acusaciones de acoso y hostigamiento y en cómo guiarte en tus siguientes pasos para detener estas prácticas, ayudar a la víctima y poner un alto a los acosadores y hostigadores.

Vinculación con los principios básicos

Autoestima del líder: La misma relación entre estos temas y la autoestima que está presente en otros conflictos puede aparecer en las situaciones de acoso y hostigamiento. Los líderes con alta autoestima serán más objetivos y permanecerán más calmados al manejar estos fenómenos.

Autoestima del seguidor: De la misma forma, la autoestima de los seguidores puede mejorarse o hundirse como resultado de la habilidad del líder al manejar estas situaciones.

Aplicación de los principios básicos: Este es un tema muy delicado en el que la gente puede terminar con heridas psicológicas o físicas serias. Aún los grandes especialistas pueden malinterpretar estas situaciones y afectar a personas inocentes, ya sea supuestas víctimas o supuestos perpetradores. La impulsividad puede conducir a tomar medidas injustas que dañen la estabilidad emocional o la reputación de alguien. Siempre apégate a los hechos, controla tus prejuicios y practica nuestras acciones sugeridas.

En la práctica

• Pon en práctica nuestras acciones preventivas sugeridas en este capítulo.

• Declara abiertamente tu disposición a estar informado acerca de estos asuntos.

• Busca a especialistas que puedan ayudarte en caso de que lo requieras.

• Si alguien acude a ti con quejas de acoso u hostigamiento, revisa este capítulo y pon en práctica nuestras sugerencias.

18: MANEJAR EL CAMBIO

El murciélago es muy adaptable, hay pocos lugares del planeta a los que no se han adaptado.

Panorama

El siglo 21 está experimentando los cambios más abruptos y extensos que la humanidad ha presenciado. En sólo unos años, desde el año 2000 a la actualidad, hemos observado la aparición de dispositivos MP3, hígados artificiales, ventanas que se limpian solas, parches para el control natal, teclados virtuales, automóviles híbridos, computadoras con capacidades avanzadas de audio y video, inyecciones a través de ondas sonoras, YouTube, plástico inteligentes, gatos hipoalergénicos, teléfonos inteligentes, Facebook, Twitter, mapas de Google, almacenamiento en nube, receptores de radio a escala nano, bio-células y tabletas electrónicas entre miles de otros inventos que facilitan nuestras vidas y cambian la manera en que trabajamos.

Garreau ha sugerido que las tecnologías basadas en la genética, la nanotecnología, la robótica y la información cambiarán radicalmente a la humanidad en el futuro, produciendo evoluciones aún no vistas.

Las tecnologías SMAN (Social, Movilidad, Analítica y Nube) son plataformas individuales y tecnologías que impactan la forma en que los trabajadores hacen su trabajo y continuarán siendo pioneras de cambios importantes en las organizaciones.

La gente ha demostrado hasta ahora una increíble capacidad de acompañar a la tecnología con cambios en sus estilos de vida personales. Sin embargo, algunas veces las organizaciones son menos capaces de ajustar sus estrategias, estructuras y operaciones para adaptarse a estos cambios. Unas compañías todavía trabajan con los mismos procedimientos que implantaron hace décadas o siglos. Algunos teóricos de la administración sugieren que las organizaciones que sobrevivirán en el futuro no son las más grandes ni las más fuertes, sino las que sean más rápidas en adaptarse.

El cambio tiene dos caras. La más notoria implica factores externos tales como máquinas, procesos, tecnologías, estructuras, insumos, políticas, filosofía organizacional, posiciones y cualquier otro elemento que sucede fuera de la mente humana. El más sutil y el más difícil es el cambio interno, algunas veces llamado transición, que implica la voluntad de las personas de hacer que sucedan los cambios.

La gestión del cambio implica ambas caras. Para que suceda el cambio externo, la buena planificación, organización de los recursos disponibles, compras oportunas, ejecución impecable y constante seguimiento son las etapas comunes. En este capítulo, sin embargo, vamos a enfocarnos en la transición humana que hace posibles los cambios externos.

Cuando el cambio es percibido como una decisión de arriba hacia abajo, llega con una poderosa fortaleza, pero en algunos casos no se siente propia. En estos casos, la resistencia y la confusión surgen con frecuencia. Cuando la gente no coopera con los cambios se debe generalmente a que carecen de suficiente información acerca de ellos y del tiempo suficiente para prepararse.

Los profesionales del cambio pueden haber exagerado en el papel que juega el temor cuando explican el cambio, pues la falta de información puede tener un efecto mayor en aminorar la velocidad del cambio. Si no se dispone de información los rumores llenarán los espacios vacíos, creando confusión y desinformación.

Los empleados necesitan saber cómo se afectarán sus trabajos por el cambio. ¿Se incrementarán o disminuirán sus responsabilidades? ¿Sus puestos se moverán a otras estructuras organizacionales? ¿Necesitarán aprender a operar nuevas maquinarias o programas de cómputo? ¿Cómo cambiarán los procesos? Estas son algunas de las preguntas más obvias que surgirán en las mentes de los empleados. Pero otras preguntas tan importantes como la anteriores también requieren ser contestadas ¿Perderán poder o estatus? ¿Terminarán distanciados de sus amigos en el trabajo? ¿Se afectará su prestigio organizacional?

Todas estas preguntas necesitan ser atendidas para facilitar el cambio y los seguidores esperan recibir las respuestas de su líder. En algunas compañías, esto puede ser un problema porque los líderes también pueden carecer de la suficiente información para responder a las preocupaciones de sus seguidores, simplemente porque la alta gerencia no les ha compartido información relevante. Si este es el caso, se espera que los líderes afronten la inquietud de sus seguidores; necesitan buscar información comunicándose con la alta gerencia, para poder compartir esa información con su equipo.

Antes de comunicar los cambios, los líderes deben tratar de ser empáticos con sus seguidores y tratar de imaginar las dudas que puedan tener para preparar respuestas objetivas y completas a las mismas. Los seguidores a veces esperan que los cambios sean en su beneficio pero en otras lo sentirán como una amenaza. Sin embargo, si el líder no posee la sufriente información de lo que implica el cambio, pueden surgir algunos retrocesos, el líder debe ser honesto y transparente, comunicando sin engaños. Las malas noticias deben ser explicadas tan detalladamente como las buenas.

La mejor forma de obtener apoyo a los cambios es a través de la participación. Cuando los seguidores participan en el diseño e implementación de los cambios, estarán más deseosos de conducirlo al éxito, La participación también ayuda a reducir la falta de información, eliminando la confusión.

Sugerencias clave

Aquí hay cinco sugerencias clave para facilitar el cambio:

1) *Describe las razones que sustentan el cambio.*

Gerente no efectivo: No describe las razones del cambio.

Líder efectivo: "Nuestros competidores ofrecen mejores servicios que nosotros y están ganando clientes, mientras que nosotros los estamos perdiendo. Algunos de nuestros clientes más importantes nos han dicho que prefieren trabajar con TDGG porque les responden más rápido y sin errores. Si no hacemos algo, muy pronto estaremos fuera del negocio".

2) *Describe detalladamente los cambios.*

Gerente no efectivo: "Todos ustedes han oído que haremos algunos cambios en cómo otorgamos nuestro servicio y quiero que todos nos den su apoyo, a menos que quieran que esta empresa cierre sus puertas para siempre".

Líder efectivo: "La mejor forma de mejorar nuestro servicio es identificando las fallas en nuestro proceso y corregirlas. Necesito que identifiquen qué es lo que nos está fallando y que nos sugieran soluciones que nos ayuden a corregir nuestras fallas. Necesitamos reducir los costos y garantizar la satisfacción de los clientes. Así que tenemos dos tareas que necesitamos abordar juntos: diagnóstico y propuestas. Empezaremos con cuatro reuniones semanales para esto, porque necesitamos terminar todos los cambios en no más de tres meses".

3) *Pregunta a los seguidores por sus reacciones y escucha activamente*.

Gerente no efectivo: No pregunta por las reacciones, ya que comunica en una sola dirección mediante una reunión informativa.

Líder efectivo: "Esa es la idea, ¿qué piensan?, ¿tienen preguntas o preocupaciones?

4) *Soluciona las preguntas, disputas y objeciones*.

Gerente no efectivo: "Bien Betty, Voy a contestar tu pregunta, pero no quiero escuchar quejas ni objeciones al plan".

Líder efectivo: "Si Betty, ese es un buen punto, comencemos por revisar las quejas y sugerencias de los clientes para reunir otras ideas. Pienso que si nos apuramos, es posible que hagamos una encuesta, al menos con nuestros clientes principales. Por otra parte, recomiendo que todos traten de recordar cualquier idea que tengan sobre cómo mejorar nuestro servicio, que las escriban y que las traigan consigo para nuestra primera reunión. ¿Están de acuerdo?".

5) *Solicita que te apoyen*.

Gerente no efectivo: "No espero que haya objeciones al plan y que todos hagan lo mejor para asegurar el éxito del plan".

Líder efectivo: "Pati, creo que te entiendo. Parece haber mucha presión para terminar esto a tiempo. Comparto tu preocupación, pero también entiendo que no tenemos mucho tiempo para reaccionar ya que estamos perdiendo clientes y participación de mercado. Quizá no estés muy convencida, pero déjame mostrarte que esto es posible. Pati, realmente te necesito".

Por qué hacerlo

1)	*Describe las razones que sustentan el cambio. Debe haber razones lógicas para el cambio*. Si las razones son claras, los seguidores las comprenderán. Puede ser que ellos tengan una perspectiva diferente, pero comprenderán que el cambio no es un mero capricho o un reflejo de la ineficiencia de los gerentes. Los cambios no deben ser una misión personal de unos pocos de la alta gerencia, deben ser vistos como una necesidad organizacional.

2)	*Describe detalladamente los cambios*. Ser específico tiene dos propósitos: llenar cualquier vacío de información para no dejar espacio a los rumores o a las especulaciones y enfocar la energía de los seguidores en las tareas comunes, y explicar didácticamente cada paso del plan con el propósito de describirlo y de preparar el apoyo de todos.

3)	*Pregunta a los seguidores por sus reacciones y escucha activamente*. Quizá ya te hayamos cansado con nuestra recomendación de escuchar, pero una vez más, las habilidades de escucha son críticas para hacer que sucedan los cambios. Informar acerca de los cambios puede ser una tarea difícil, ya que algunos seguidores pueden reaccionar con indiferencia o agresividad en vez de hacerlo con compromiso. Si los líderes reaccionan a la defensiva o negando a los seguidores la oportunidad de ser escuchados, las conductas indeseables pueden exacerbar la situación, haciendo más difícil su implementación. Por el contrario, una actitud abierta y deseosa de comprender lo que es importante para los seguidores puede suavizar las reacciones y minimizar las objeciones. Los líderes deben estar conscientes de que sus seguidores pueden saber o anticipar ciertos obstáculos que puedan atravesarse en el camino o frustrar su propósito. Este es otro beneficio de este paso en particular.

4)	*Resuelve las preguntas, disputas y objeciones*. Los

rumores y los malentendidos son muy comunes y este es el momento de atajarlos con información sólida. Así que, después de dejar que todos expresen sus puntos de vista, es tu turno de abordarlos. Siguiendo a Adizes, sugerimos que escribas todo lo que has escuchado y comiences respondiendo las dudas. Las dudas se refieren a información que no ha sido comunicada adecuada o suficientemente. Después de que termines de responder las dudas, continúa con los cuestionamientos. Estos comúnmente adquieren la forma de "alguna vez pensaste que …" o "esto va a fracasar si no …" Finalmente maneja las objeciones. Estas últimas son expresiones explícitas de factores que se interpondrán en el camino del cambio, algunos ejemplos son "esto no va a funcionar, porque …" o "esto es una tontería, no estás considerando que …" Mantener esta secuencia puede reducir los cuestionamientos y objeciones porque muchos de ellos se resuelven con más información. Si crees que tus seguidores necesitan repetir los pasos 3 y 4 varias veces, por favor asegúrate de hacerlo. El tiempo que dediques a estos pasos reducirán significativamente el tiempo que tome la implementación de los cambios.

5) *Solicita que te apoyen*. Algunos seguidores pueden permaneces escépticos a pesar de tus esfuerzos por responder a sus dudas, cuestionamientos y objeciones. Pueden tener razones poderosas para objetar alguno o todos los aspectos de la situación por venir; pero también pueden resultar negativamente afectados como consecuencia de ella. Nunca intentes engañarlos, si crees que este puede ser el caso o que sus objeciones sean válidas, acéptalas, no las niegues o trates de esconderlas debajo de la alfombra. Sin importar de qué se trate, todavía tienes el derecho de solicitar su apoyo. Te sorprenderá darte cuenta de que algunos de tus reticentes seguidores deciden darte una oportunidad.

Vinculación con los principios básicos

Autoestima del líder: Los gerentes que experimentan una baja autoestima son más propensos a enfrentar más dificultades cuando hablan de cambios con sus subordinados. Fácilmente se pueden sentir desesperados si surgen objeciones y no tendrán paciencia para escuchar y dar explicaciones sobre el cambio tantas veces como sea necesario. Los líderes con alta autoestima nunca consideran que las objeciones sean algo personal; son capaces de comprender que algunos de los argumentos de sus seguidores pueden ser ciertos y otros pueden ser expresión del miedo o de la falta de información.

Autoestima del seguidor: Los cambios pueden impactar positiva o negativamente la autoestima de los seguidores. Ser incluidos en el diseño e implementación del cambio. Ser considerado como suficientemente competente para identificar las fortalezas y debilidades durante las etapas de planificación y ejecución y ser apreciado como persona y como colega elevará la autoestima del seguidor. Las acciones en la dirección opuesta, producirán, claramente el efecto contrario.

En este capítulo hemos enfatizado la importancia de pedir ideas y apoyo y ellos no vendrán si no hay una confianza básica. Ya sea que el cambio genere los resultados deseados o no lo haga, ser agradecido con los seguidores es una obligación de todos los líderes en estas circunstancias; si es posible, revisa el capítulo sobre reconocimiento, por si lo llegas a necesitar.

Aplicación de los principios básicos: cuando se gestiona el cambio, pon todo tu esfuerzo en mantener relaciones constructivas y positivas con tus seguidores, incluyendo aquellos que objetan o se resisten a la nueva situación. Finalmente, otorga reconocimiento de acuerdo con los hechos y no de acuerdo a tus sentimientos; esto comunicará un sentido de justicia.

En la práctica

Quizá te encuentres ahora al inicio de un cambio. Recuerda que los cambios derivados de la gente, tecnología, filosofía, estructuras, procesos, productos y otras causas, requieren de un buen liderazgo. Trata de imaginar los futuros cambios que pueden experimentar tu organización o tu departamento. Reúne tanta información como te sea posible, prepárate estudiando las acciones sugeridas aquí y aplícalas.

UNA ÚLTIMA PALABRA

Desde luego que no hemos presentado todas las posibles situaciones que puede enfrentar un líder, pero has encontrado una buena muestra de ellas en estas páginas. Por lo pronto, ya debes tener una clara idea de cómo se aplican los principios básicos y la escucha activa y cómo se pueden emplear en diferentes circunstancias.

Los buenos líderes son como murciélagos que gracias al uso de su habilidad para escuchar tiene una idea precisa de dónde están, cómo dirigirse hacia sus objetivos, cuáles son los obstáculos que deben vencer y cómo pueden sortearlos. La escucha les facilita, igualmente descubrir las necesidades de su bandada y saber cómo reaccionar ante ellas.

Es obvio que los murciélagos tienen, adicionalmente, el apoyo de sus instintos que los ayudan a agruparse, protegerse y vivir en armonía para lograr su máximo desarrollo. Los humanos no venimos dotados con estas valiosas herramientas, pero poseemos dos características que bien superan el instinto de ellos, nuestra inteligencia y nuestra capacidad para decidir.

Aprender a escuchar con la misma agudeza y atención con que lo hacen los murciélagos potencializa nuestra inteligencia y facilita nuestra toma de decisiones ante los problemas que enfrentamos día a día. Por eso, el buen líder siempre será como un murciélago.

Practica estas habilidades siempre que te sea posible hasta convertirte en un verdadero experto en su uso. La competencia no se desarrolla sin la práctica. Tu propósito debería ser usar estas habilidades como tu primer recurso, sin pensarlo o planearlo mucho; con el tiempo, se convertirán en reflejos condicionados.

Hay tres preguntas que debes preguntarte después de cada interacción relevante con tus seguidores:

1)   ¿Mejoré la autoestima de mis seguidores?

2)   ¿Se mantiene positiva nuestra relación?

3)   ¿Aproveché esta interacción para fomentar la confianza, el respeto, la gratitud y la justicia?

Hacerte estas preguntas no te tomará más de un par de minutos, pero asegurarán el sano crecimiento de tu liderazgo.

Si notas que estás teniendo problema en dar respuestas positivas a estas preguntas, te recomendamos verificar cómo se encuentra tu autoestima:

1)   ¿Cómo me siento?

2)   ¿Hay algo que me moleste?

3)   Me siento enojado, triste, inadecuado, inferior, ignorado, incompetente o desagradable?

Busca recibir retroalimentación frecuente. Pide a alguien externo a tu equipo de trabajo, alguien que sepas que será imparcial, que hable con tus seguidores acerca de tu estilo de liderazgo:

1)   ¿Hay algo que debas mejorar como líder de ellos?

2)   ¿Sienten que los comprendes y que los apoyas?

3)   ¿Está trabajando tu grupo realmente como equipo?

Haz lo que sea necesario para resolver cualquier asunto, pero recuerda: el liderazgo no es un estatus que te des a ti mismo, es un privilegio que te otorgan otras personas: tus seguidores.

ACERCA DEL AUTOR

Fernando Zepeda Herrera, Master of Science in Applied Psychology por la University of Liverpool, adicionalmente tiene estudios de Educación de Adultos por la OEA y la UNESCO, de Recursos Humanos por Penn State University, de dirección de Recursos Humanos por IPADE y sobre el Servicio Profesional de Carrera por el CIDE.

Es "Licenced Human Element Practitioner (LHEP®)" de The Human Element e "Integrator" de las fases 0 a 3 de la Adizes methodology.

Con 30 años de experiencia en Recursos Humanos en el sector privado y en el público, ha sido catedrático en diferentes universidades mexicanas en diplomados, licenciaturas y maestrías. También ha sido conferencista en varias universidades latinoamericanas.

Es autor de los libros: "Mi jefe es un murciélago", "El fuego en tu corazón: Tu propósito en la vida", "Psicología organizacional", "Introducción a la Psicología: Una visión científico-humanista" y "Siempre hay opciones".

www.ingramcontent.com/pod-product-compliance
Lightning Source LLC
Chambersburg PA
CBHW070242190526
45169CB00001B/269